JN438641

# 만추의 길목에서

# 만추의 길목에서

문석홍 수필집

수필과비평사

## 책머리에

세 번째 수필집을 낸 지도 꼭 10년이 되었다. 그 이후 여러 수필지나 동인지, 일반 간행물에 발표된 수필도 있고 발표되지 않은 수필도 여러 편 있어서 그대로 저장해두기보다는 내 생애의 마지막 수필집이 될 것이라는 마음으로 네 번째 수필집을 출간하게 되었다.

그래서 행여 독자들이 이 졸필의 글을 읽으며 지루해할까 봐 비교적 짧은 글을 많이 수록했다. 비록 졸저이지만 이 책을 받아 보실 수필가님들, 동창들, 친지분들과 함께 이 기쁨을 나누고 싶다. 특히 그동안 자주 만나 회식자리도 하며 정을 나눴던 수필 동인 양재회 회원님들과 함께 이 기쁨을 만끽하고 싶다.

2023년 5월

문석흥

## 차례

## 2부 장수 시대의 꿈은 이뤘건만

## 3부 글씨 시대는 가고

## 4부 신호등

## 5부 만추의 길목에서

## 6부 나그네 설움

1부

# 별명

# 코로나19 속에 보낸 추석

우리나라에서 지금까지 전통적으로 지켜오는 큰 명절로는 '설'과 '추석'이 있다. 이 두 명절에는 가족들이 모여 조상님께 차례를 올리고 성묘도 한다. 특히 추석은 계절적으로 가을이어서 날씨가 춥지도 덥지도 않은 좋은 날씨에다 새로 수확한 여러 가지 햇곡과 신선한 과일들이 풍성해서 마음속으로도 넉넉함과 즐거움이 넘치는 명절 중에 명절이다. 그래서 "더도 말고 덜도 말고 한가위만 같아라."라고도 하지 않았던가.

이렇게 맞이하던 추석 명절이 올해는 뜻하지도 않았던 코로나바이러스의 확산 때문에 정부 당국과 방역담당 기관에서는 이번 추석에 고향 방문을 자제할 것을 연일 간곡히 당부를 하고 있었다. 따라서 고향에 계시는 부모님들께서도 자녀들에게 추석에 오지 말라는 당부를 하기도 하며, 어느 시골 마을 어귀에는 "불효자는 옵니다."라고 쓴 현수막을 걸어 놓은 것을 텔레비전 영상을 통해 볼 수도 있었다. 이 의미는 추석에 고향에 오는 자녀들은 효자가 아닌 불효자라는 것을 암시하는 게 아니겠는가. 이처럼 참 희한한 추석을 맞고 있는 것이다. 그런가 하면 일부에서는 고향 방문을 못하게 되니 관광지나 휴양지를 찾아 여행을 떠나기도 한다.

온 나라 사람들이 다 같이 겪은 이런 역병이 지나간 후에는 기존의 생활문화가 바뀌어지는 경우를 본다. 몇 해 전 간염이 크게 번졌을 때, 그 간염바이러스가 보균자의 상처에서 나오는 분비물이나 침 등에 포함되어 나와 다른 사람과의 접촉으로 인하여 구강이나 항문, 생식기 등을 통해 침투하여 간 질환을 일으켜 생명을 위협하는 무서운 바이러스로 알려졌다. 이 당시 손쉬운 방역 방법으로 술자리에서 술잔 돌리기를 금하였다. 그 후 간염바이러스를 퇴치한 지금까지 자연스레 술잔 돌리기 문화가 사라졌다.

이제 우리 모두가 코로나 방역을 위해 지금까지 전혀 하지 않고 살았던 방역수칙을 힘들게 지키며 코로나를 완전 퇴치할 때까지 인내하며 살아가야 할 것인데, 이 중에 몇 가지라도 코로나 퇴치 이후에도 새로운 생활 문화로 정착될는지도 모를 일이다. 요즘 전에 없던 오토바이 배달업이 성행하고 있다. 이 배달업도 조직화되어 있어 쉽게 사라질 것 같지도 않을뿐더러 소비자들도 그 편리성을 인식하고 있기 때문이다. 또 코로나 이전부터 나타나기 시작했지만 추석연휴에 여행을 떠나는 층이 늘어가고 있는 추세였는데, 이번 추석에는 특히 코로나 때문에 고향방문이 사실상 어렵게 되다 보니 그 대신 관광지나 휴양지를 찾은 여행 인구가 많아졌다 한다. 심지어는 '추캉스(추석여행)'라는 신조어가 나올 정도가 되지 않았는가. 이런 풍조가 무르익어 가다 보면 코로나가 퇴치되고 나서도 추석에 고향 방문이나 차례, 성묘 같은 지금까지의 추석 명절 풍속도, '추캉스' 문화로 바뀌어지게 되지 않을까 싶다.

시대 상황의 변화에 따라 사람들의 생활 방식이나 의식 구조가 바뀌고 새로운 생활 문화로 정착해가는 것도 자연현상이 아닌가 한다.

# 별명

가끔 가는 동네 이비인후과 병원에 간호사 둘이 있는데 이 두 간호사는 내가 정년퇴임하기 이전에 근무했던 여자고등학교 제자들로서 둘은 선후배 사이다. 사제지간이기에 갈 적마다 남달리 반갑고 친근감을 느꼈다. 그들 또한 은사인 나에게 각별한 친절과 무엇인가 더 다른 환자들보다 배려하려는 태도가 엿보였다.

그런데 한 번은 갔더니 진료를 받고 나왔는데도 대기하고 있는 환자도 없고 해서 한가롭기에 사사로운 얘기를 나누게 되었다. 나는 이 제자들이 졸업한 지가 오래되었고 해서 얼굴 기억만 있었지 이름이나 몇 년도에 졸업을 했는지 몇 회 졸업생인지를 모르고 있었는데 마침 기회다 싶어 비로소 물어 봤다. 그런데 이들 또한 졸업한 지가 오래 되어서인지 졸업 횟수는 기억하면서 졸업 년도는 확실하게 기억을 못했다. 그래도 이름은 알려 주기에 이름이라도 알게 되었으니 다행이었다. 내친김에 나는 이들에게

"자네들은 내 이름을 기억하나?" 하고 물었다.

"그럼 몰라요? 문석흥 교감 선생님을…."

그러고 보니 내가 교감시절에 이들이 다녔음을 알게 되었다.

이쯤 되니 30여 년 전으로 돌아간 기분이 되어 그 시절의 이런 저런 추억담이 자연스레 흘러나오기 시작했다. 이 때 선배 간호사 제자가 하는 말,

"선생님 별명이 뭔지 아세요?"라고 한다.

"나한테도 별명이 있었나? 뭔데?"

'이사도라' 라며 두 제자 간호사들이 입을 손으로 막으며 웃어 댄다. 나도 금시초문이었다.

"이사도라가 무슨 뜻이야?"

이들이 해설하는 이 별명의 뜻은, 24시간 돌아다닌다는 뜻이다. 지금은 어떤지 모르겠지만 그 당시 교감은 자주 수업시간이면 복도를 순회하며 각 교실에서 수업이 잘 진행되고 있는지, 수업 이탈학생이나 없는지 등을 살피며 감독하는 일도 했었다. 그러니 학생들이나 선생님들이 부담을 느꼈을 것이며 밉게도 보였을 것이다. 그러다 보니 교감은 온 종일 교내를 돌

아다니며 감시 감독하는 사람으로 비칠 수밖에…, 결코 애교 있고 재미있는 별명은 아니다. 그런데 옆에 있던 후배 제자 간호사는, "선생님 중학교 교감선생님으로 계실 때 별명은 '스머프 파파'였어요."라고 한다.

'스머프'는 당시 초·중학생들이 즐겨 보았던, 미국에서 제작한 '스머프'라는 TV용 만화 영화였다. '스머프 파파'는 이 만화 영화에서 여러 아이들을 친절히 돌보며 이끄는 마음 좋은 할아버지 리더를 말한다. 이 별명 또한 나는 잘 기억이 안 나는 별명이다. 그러나 '이사도라'보다는 한결 정겹고 부드러운 감이 드는 별명 같다. 또 하나 내가 알고 있었던 별명으로는 '친구오빠'라는 게 있었다. 이 별명은 내가 고등학교 교장으로 있을 때 내 차의 뒷자리 번호가 7958이었는데 같은 학교에 다니던 우리 아이 친구들이 차번호의 발음을 묘하게 변질시켜 칠구오팔을 "친구오빠'로 만든 것이다. 이 정도의 별명은 그다지 악명으로 볼 수는 없을 것 같다.

이처럼 별명은 대개 학교 선생님들이 재직 중에 학생들로부터 얻게 된다. 그 선생님의 외모나 성격과 습관의 특징을 잡아서 그에 맞는 말을 지어내는 것이다. 그래서 별명의 유형도 가지가지다. 학생들 사이에서는 자기들끼리만 아는 선생님들의 별명을 흥밋거리로 자기들 세계에서만 부르며 재학 중에는 물론 졸업 후에도 옛 은사님들의 별명을 기억하며 학창 시절의 추억으로 삼기도 한다. 지금도 가끔 제자들의 동창들 모임에 초청되어 회식 자리에 참석할 때가 있다. 먹고 마시며 분위기가 한창 고조되면 지난 학창 시절의 추억담을 늘어놓으며 선생님 별명을 부르며 한바탕 웃어 댄다. 재학 중에는 감히 선생님 앞에서 별명을 부르지 못했지만 졸업 후 성인이 되어 어찌 보면 같이 늙어가는 터에 뭐 어려운 게 있으랴. 학창 시절의 추억과 사제 간의 정을 되새기려는 표현이 아니겠나. 나 또한 껄껄 웃으며 이 분위기에 함께 젖어 드는 것이다.

요즘도 가끔 옛 제자가 있는 동네 이비인과에 갈 때면 접수대에 나란히 앉아 있는 두 간호사 제자에게 내가 먼저, "이사도라 선생님 왔어!" 하며 한마디 건네면 이들도 일어서서 반가이 맞으며 다시금 옛 학창 시절로 돌아간 느낌을 갖는 것 같다.

# 옷이 날개

생활의 3대 요소가 의(衣), 식(食), 주(住)라는 것을 초등학교 때부터 교과서에서 배워 왔기에 누구나 다 알고 있다. 이 세 가지는 사람들이 생명을 유지하고 활동하는데 어느 것 하나라도 없어서는 안 되는 기본 요소이다. 그 중에서도 의, 즉 옷은 사람의 몸을 보호하고 건강과 품위를 유지하는데 중요한 역할을 한다.

옷은 계절에 따라, 직업에 따라, 성별에 따라, 연령에 따라, 각기 그에 맞는 다양한 모양의 옷이 있는데, 옷도 시대와 환경의 변화에 따라 재질이나 모양도 변화해 간다. 이와는 달리 시대가 변해도 변하지 않고 고유의 모양을 간직한 채 계승하고 있는 민족마다 전통의상이 있다. 우리에게도 아름다운 고유의 전통 의상인 한복이 있다. 그러나 한복은 옛날에는 일상의 옷으로 입어 왔지만 요즘에 와서는 설날이나 그 밖에 명절 그리고 결혼식이나 생일 같은 경사에 주로 입는 예복처럼 되어 가고 있는 경향이다. 한편 우리는 예부터 흰색을 숭상하며 흰 옷을 전통적으로 입어온 백의민족이라는 자긍심을 갖기도 했었다. 지금도 옛날 장터거리나 3.1독립 만세운동, 8.15해방 때의 기록 사진을 보노라면 거리에 나온 사람들이 거의 다 흰색 옷을 입은 것을 볼 수가 있다. 물론 흰옷을 전통적으로 즐겨 입었던 것은 사실이지만 지금에 와서 생각해 보면 그 당시에 백성들의 생활이 궁핍했던 데 원인이 있지 않았나 싶다. 그리고 가난에 찌들어 옷다운 옷도 제대로 못 입다가 그나마도 낡아서 해지면 여기저기 헝겊을 대서 기워 입기도 했다.

이러던 시절이 지금부터 100년도 채 되지 않았다. 그러나 지금에 이르면서 우리의 옷 문화도 많이 현대화되었다. 그래서 지금의 옷은 다양한 색상이 배합되거나 여러 가지 호화로운 문양이 새겨진 디자인의 옷으로, 마치 지난날 찢어지고 뚫어진 옷을 버리지 못하고 이 헝겊 저 헝겊을 대서 기워 입었던 남루한 옷이 호화롭고 맵시 있는 새로운 감각으로 디자인된 옷으로 변신한 것 같은 느낌도 든다. 뚫어지고 찢어진 바지도, 아주 짧은 바지도 시대가 변하다 보니 새 시대의 감각에 맞는 멋으로 창출되기도 한다.

세계화 시대를 맞아 세계 속에 다양한 문물을 접하게 되다 보니 사람들의 시각이나 의식이 한 곳에 머물러 있지 않고 변화의 물결 속에 자연 동화되어 가는 것이다. 그래서 옷도 자연히 유행을 타게 되어 있는가 보다. 우리에게는 '옷이 날개'라는 속담이 있다. 날개는 조류에만 달려 있는데 왜 사람이 입는 옷을 날개에 비유했을까? 조류는 그 몸 전체에서 날개가 최상이다. 날개는 나를 때에 펼쳐진 날개의 그 우아함이 사람이 아름다운 옷을 입었을 때 그 돋보임에 비유해서 나온 말이 아닌가 한다. 서양의 천사 그림을 보면 아름다운 날개가 달려있음을 본다. 우리나라의 선녀 그림을 보아도 길게 늘인 치맛자락에 나부끼는 옷고름이 돋보인다.

이 시대에 와서 옷은 옷이 가지고 있는 기본적인 기능 이외에 옷을 입었을 때에 풍기는 멋과 아름다움이 조화를 이루어 그 사람의 격에 맞는 품위를 나타내야 제대로 된 날개가 되지 않을까 한다.

# 자리 앉기의 심리

지하철을 타다 보면 자리가 많이 남아 있을 때도 있고, 승객이 많이 타서 군데군데 한 두 자리 겨우 비어 있을 때도 있고, 아주 만원이라서 전혀 자리가 없을 때도 있다. 승객이 적게 타서 자리가 많을 때에는 대부분 사람들은 가장자리를 골라 앉는다. 특히 경로석은 3인석으로 고정되어 있어서 처음 승객이 한쪽 가장자리에 앉으면 다음에 타는 승객은 영락없이 남은 가장자리에 앉고 가운데 자리는 비어 있게 된다. 그러다가 승객이 많아지다 보면 가운데 남은 자리도 누가 앉을세라 잽싸게 다가와 끼어 앉는다. 그러다가 어느 역에선가 가장자리쪽의 승객이 내리기라도 하면 어느 틈엔가 가운데 앉았던 사람이 그자리에 옮겨 앉는다.

이런 모습은 버스의 경우도 마찬가지다. 버스는 대개 2인 좌석이다. 먼저 타는 사람이 자기 마음에 드는 자리를 골라 앉다 보면 뒤에 타는 사람도 어김없이 둘이 앉아도 될 좋은 위치의 자리를 두고도 혼자 앉을 수 있는 좌석을 찾아 앉는다. 그러다 보면 나중에 타는 사람은 좋든 나쁘든 간에 먼저 탄 사람의 옆 자리에 앉는 수밖에 없다. 여기서도 도중에 승객이 내려 두 자리가 다 비우게 되면 동작 빠른 사람이 얼른 그 빈자리로 가서 혼자 앉는다. 그런가 하면 먼저 앉은 사람이 옆에 빈자리에 가방이나 소지품을 놓고 다른 자리 임자가 있는 것처럼 시침을 떼고 앉아 있는 사람도 있다 더 심한 경우는 자리가 비었냐고 물어 보면 자리 주인이 있다고 한다. 대중식당이나 결혼예식장 식당에서도 같은 상황이다. 대개 모르는 사람과 같은 식탁에서 마주 앉거나 나란히 앉아 식사하기를 꺼린다. 반면 가족이나 친구, 친목회, 같은 직장 동료 사이는 한 곳에 몰려 가 같이 앉으려 한다. 이런 심리는 누구나 가지고 있다고 보아야 할 것이다. 어차피 자기 목적지까지만 가서 내리면 그만이고 식사나 하고 나가면 그만이거늘 왜 이러는 것일까?

인간은 근본적으로 나와 무관한 사람, 낯모르는 사람을 거부한다고 한다. 그래서 잠시 동안이라도 모르는 사람과는 내 곁에 같이 있다는 게 싫은 것이다. 또한 낯선 사람과는 인사도 없다. 운동하러 다니는 길이나 출퇴근하는 길에 자주 만나기에 얼굴은 익어도 좀처럼 아는 체를 안 한다. 상대편에 대해 잘 모르기에 마음의 문을 열지 않는 것이다. 집과 집 사이에도 담을 치고 대문을 잠그고 산다. 이것은 인간이나 동물이나 자기방어를 위한 적에 대한 경계심의 발동에서 오는 현상이라 한다. 따라서 처음부터 친숙하게 익힌 가족이나 생활과정에서 익힌 친구나 동료, 지인 사이에는 믿음이 형성되고 그 믿음은 닫힌 마음의 문을 열게 하는 것이다. 그래서 인생은 만남이라고도 한다. 만남을 통해서 개인 간의 인간관계가 형성되고 그 인간관계가 어떻게 형성 되느냐에 따라 자신의 삶에도 영향을 미치게 된다.

그 인간관계가 원만한 관계가 될수록 매사가 순조롭고 원만치 못한 관계가 되면 대립되어 적대 관계가 된다. 우리나라의 역사를 보아도 조선왕조 내내 당파 싸움으로 이어져 국력이 쇠퇴하고 급기야는 국권을 일본에게 빼앗기지 않았는가. 요즘 우리의 정치권도 보면 여나 야나 친ㅇ파, 친ㅇ파요 해서 한쪽이 동으로 간다면 한쪽은 서로 가고, 어쩌다 가는 방향이 같다 보면 서로 충돌하여 적이 되어 버리지 않는가. 자신을 방어하고자 하는 심리는 상대를 못 믿는 데서 일어나며 이것이 지나치다 보면 상대를 내 것으로 만들어 버리려는 욕심으로 발전한다.

지하철이나 버스, 식당에서부터 처음 보는 사람이라도 가벼운 인사를 나누며 옆자리에 같이 앉기를 권하며 상대를 배려

하는 열린 마음이 일상생활에서부터 우러났으면 한다.

# 개와 반려동물

가축 중에 개처럼 사람에게 사랑을 받으며 사람 곁에서 가족처럼 밀착해서 사는 동물도 없다. 그래서 갈수록 개의 대한 인간의 사랑은 더욱 짙어져 그 이름조차도 '워리'에서 여러 가지 예쁜 고유의 이름을 지어 부르고 또 등급도 개에서 애완견으로 반려동물로까지 격상되었다. 우리나라에서는 개를 주로 농가에서 집안에 놓아 키우면서 식구들이 먹다 남은 음식찌꺼기나 주고 집이나 지키게 하는 정도였고 여름철 삼복중에는 복달임으로 잡아서 보양식으로 먹었다.

개는 특유의 주인에 대한 일편단심의 충성심과 낯선 사람에 대한 경계심이 있어 도둑을 지키는 파수꾼 역할까지 잘 해냈다. 그런데도 사람들은 인간사, 세상사에 온갖 못된 짓과 추악한 행위를 모두 개에게 뒤집어 씌워 그 표현의 말 속에는 개가 안 들어가는 말이 없을 정도다. 만약에 개가 이 말귀를 알아듣는다면 과연 사람을 따르고 재롱을 부리며 충성을 할까?

개와 인간과의 관계 역사를 보면, 개는 본래 200만 년 전부터 존재했다는데 인간 사회에 살게 된 것은 약 12,000년 전 신석기시대부터라 한다. 개의 조상은 늑대라고도 하는데 인간이 정착생활을 하기 시작하면서 늑대가 사람의 집 가까이 접근하며 사람의 수렵에 동행하게 되었고, 이에 따라 사람이 키우게 된 계기가 되었다 한다. 늑대는 뛰어난 후각과 청각을 이용해서 재빨리 사냥물을 발견하고 추격해 사람이 사냥하기 쉽게 되고 또 사람과 먹이를 나눠 먹었다 한다. 늑대는 특별한 수고 없이 사람으로부터 먹이를 얻고 또 잠자리까지 제공 받아 사람에게 칭찬과 귀여움을 받는 기쁨도 느끼게 되어 자연 사람이 가축으로 다루게 된 것이라 한다.

이렇게 해서 늑대는 개로 진화하고 개들끼리는 번식을 거듭해서 사람에게 유용한 유전자로 바뀌어 가게 된 것이다. 여기서 사람은 개가 가지고 있는 성질과 능력 등을 그 목적에 따라 유지하기 위해 계통번식을 하게 되어 수렵견, 경주견, 목양견, 썰매견, 애완견 등으로 키운 것이다. 이들 중에서도 몇 세기를 내려오며 품종을 개량 육종시켜 다종다양한 견종이 태어나 현재 350여 종에 이른다 한다.

그래서인가, 요즘은 전에 흔히 보던 몸집도 좀 크고 누렇거나 검은 털빛의 삼각의 귀는 내려 덮이고 순하고 어수룩해 보이는 토종견(x개)은 좀처럼 볼 수가 없다. 대신 몸집도 작고 별난 모양의 털색과 귀 그리고 귀엽고 약게 생긴 얼굴을 한 외래종 개들을 흔히 볼 수 있다. 이런 개들은 아기처럼 예쁜 옷을 입혀서 안고 다니거나 목줄을 매서 손잡고 가듯이 정겹게 데리고 다닌다. 한 편 이들을 위한 전문 동물 병원과 이용원, 식품과 생활용품점도 있고 장례식장과 납골당도 있다. 근년에 와서는 사람들이 주민등록을 하는 것처럼 가축들도 개별 등록을 하여 인식표도 받는데, 2013년 1월 1일 부터는 개도 등록을 하게 되었다. 소관은 농림수산식품부이지만, 등록대행기관으로 동물병원이나 동물보호센타에서 등록업무를 하고 있다. 이렇게 함으로써 개의 일생도 사람과 같이 살도록 보장해 주겠다는 의지가 담긴 것이다.

요즘은 삼복중이다. 우리나라는 특히 복날이 되면 복달임으로 개를 잡아 끓여 먹는 풍습이 있어 왔다. 조선후기 문인 정학유(丁學遊)가 지은 '농가월령가'의 '8월령가' 중간에 보면, '~며느리 말미 받아 본집에 근친 갈 제 개 잡아 삶아 건져 떡고리와 술병이라~' 라는 대목이 나온다. 지금은 법으로 허용된 식육식품으로 인정은 못 받지만, 보신탕이라는 이름으로 전문식당 영업이 이뤄지고 있는 실정이다. 이로 인해 세계인의 지탄을 받으며 야만인 소리를 들으면서도 좀처럼 보신탕 애호가

들이 줄지 않는다. 이 여름 삼복에 또 얼마나 많은 견공들이 비명에 갈는지.

# 기계화 시대의 뒤안길

길가에 폐가처럼 쓸쓸히 서 있는 공중전화박스가 이제는 한 세월 간 퇴물처럼 보인다. 손안에 넣고 걸어 다니면서도 사용하는 휴대전화가 등장하다 보니, 한때 줄을 서가며 통화를 하던 공중전화도 지금은 거의 무용지물이 되었다. 휴대전화도 이젠 스마트폰으로 바뀌더니 그것도 수시로 새 기종이 나와 더욱 신비로운 세계로 사람들의 마음을 사로잡아 가고 있다. 그 속에 담겨진 프로그램들이 너무 다양해져서 음성, 문자, 영상 등 통신은 물론, 일상생활 속에서 필요한 모든 정보를 손끝을 통해 접하며 필요에 따라 활용하는 편리한 도구가 되었다.

요즘은 각종 가전제품들만 보아도 사람이 할 일을 스위치만 누르면 알아서 제 기능을 다 하니 얼마나 편리한가. 농촌에 농기구들만 보아도 '이앙기'가 혼자서 모를 심고, 농약도 무인 헬기가 떠서 뿌려 준다. 가을에 벼를 벨 때는 '콤바인'이 혼자서 벼를 다 베고 나락까지 떨어 자루에 담아 준다. 다만, 사람은 운전자 혼자 앉아 운전과 기기조작만 하면 된다. 볏짚도 기계가 둘둘 말아서 포장까지 해 놓는다. 또 은행에 가면 자동 입출금기가 있어서 체크카드나 신용카드를 넣고 필요한 만큼 현금인출도 하고 입금도 하고 이체도 할 수 있으니 이 또한 전에는 생각지도 못했던 일이다. 또 컴퓨터가 있어서 문서도 작성하고 인터넷을 검색해서 세상에 있는 모든 지식과 정보를 앉아서 쉽게 찾아 볼 수 있는 세상이 되었다.

이토록 사람이 손끝으로 이런 기계나 기기들을 작동만 시키면 사람의 의도대로 충직한 종처럼 다 해주니 얼마나 편리한 세상인가. 그러다 보니 사람과 기계와의 거리는 점점 가까워지고 사람과 사람끼리는 점점 멀어져 가는 게 아닌가 한다. 예전에는 다리미로 옷을 다려도 반드시 두 사람이 마주 잡아당겨 가며 다려야 했고 맷돌질이나 다듬이질, 절구질을 해도 두 사람이 서로 조율하며 해야 했다. 논두렁을 만들기 위한 가래질을 할 때도 세 사람이 해야 했다. 이와 같이 요즘처럼 기계화 자동화가 되기 이전에는 가사일이건 농사일이건 여러 사람이 힘을 모아서 해야 했기에 그런 속에서 서로 간에 소통이 되고 교감이 되었다.

근래에 와서 생활 구조가 이렇게 급속도로 발전해 가다 보니 인력으로 살아왔던 노인세대들은 새 시대의 문물에 쉽게 적응하기가 어렵고 그것을 다 익히기에는 신체기능이 이미 둔화되어 한계점을 느낀다. 이처럼 이 시대를 살아가는 노인들은 어쩔 수 없이 앞서 가는 시대에 뒤처져 새 문물의 편리함을 공유하지 못한 채 아날로그 시대에 머물러 바보처럼 살아갈 수밖에 없다. 그래서 때로는 노인들이 본의 아니게 젊은이들에게 무시당하고 존경을 못 받는 경우도 생긴다. 전철이나 시내버스를 타고 보면 노인들은 덮개식 구형 휴대전화 2G를 들고 다른 승객들을 전혀 의식하지 않고 간단하고 명료하지도 않은 긴 전화를 하는 것을 본다. 그것도 낮은 목소리로 하지도 않고 차내가 다 들릴 정도로 한다. 노인들이 귀가 어두운 탓도 있겠지만 나이 탓인가, 자신도 모르게 남을 의식하지 않는 경향도 있다. 여기에 비하면 젊은이들은 차내에서 조용하다. 그들은 대화도 문자로 하고 또 전화기를 통해 각종 프로그램을 검색하기 때문에 말이 필요가 없다. 여기서도 세대 차를 느낀다.

손자들이 나갔다 들어와도 바로 제방으로 가서 컴퓨터와 대면 한다. 거실에 텔레비전은 식구들의 말문을 막아 놓는다. 귀여운 손자들에게 들려주는 재미있는 할머니의 옛날이야기도, 가족 간의 오순도순 정겨운 대화도 끊어진 지 오래다. 이렇게 기계화 시대가 되어가다 보니 점점 기계와는 가까워지고 사람

사이는 멀어지는가 보다.

# 미련인가 아쉬움인가

지금 살고 있는 집이 지은 지 20년이 좀 넘었다. 외벽이나 골조는 아직 멀쩡한 것 같은데 내부는 장판이고 벽지, 문짝, 전등, 주방 시설 등이 많이 낡아 있었다. 가뜩이나 늙어가는 내 모습도 초라한데 집안 분위기마저 이 모양이라 나나 집안 풍경이나 초록이 동색인 격이다. 20년 전 이 집을 지을 때만 해도 그 당시로서는 KS마크의 최상품 자재로 실내를 꾸몄었는데 이 역시 세월 앞에는 어쩔 수 없이 구닥다리 신세일 수밖에 없는가 보다. 그래서 새로 인테리어를 해 볼까 망설여 오다가 마침 이웃에 살고 있는 인테리어 전문 업자를 알게 되어 큰 맘 먹고 이 사람에게 인테리어를 맡겼다.

이 작업을 하기 위해서는 집안의 가재도구를 완전히 내가야 하는데 이 작업이 가슴을 짓누르는 것이다. 창고나 마당이라도 있으면 들어내다가 쌓아 놓으련만, 그런 여건이 되지 않으니 보통 고민이 아니다. 그래도 작으나마 옥상 방이 있어서 일부는 옥상에 올려다 놓고 계단마다 사람 하나 겨우 지나다닐 정도로 틈을 내고는 여유 공간에 이런 저런 가재도구를 최대한 추켜 쌓아 놓았다. 그러나 장롱은 어떻게 할 수가 없어 그대로 두고 조금씩 옮겨 가며 작업하기로 하고 소파는 차제에 새것으로 바꿀 셈 치고 내다 버렸다.

새로 집을 지을 때는 빈 공간이라 내부 인테리어가 쉬운데 살던 집 인테리어는 안에 집기나 살림도구를 다 내 놓아야 하고 낡은 것 뜯어내고 새로 붙이고 달고 깔고 하다 보니 하는 사람도 몇 배 더 힘들고 시간도 많이 걸렸다. 한편, 수리하는 장장 1주일 동안 이런 난장판 같은 속에서 마치 노숙자처럼 지내는 것도 여간 고역이 아니었다. 또 실내 가재도구를 내다 놓는 과정에서도 아내와 적지 않은 말다툼을 벌였다. 집안이 정돈되었을 때는 잘 몰랐는데 막상 집안에 물건들을 꺼내 담고 들어내고 하다 보니 쓸데없어 보이는 잡동사니들이 왜 그리 많은가? 언제 사다 모은 것인지는 모르겠으나 내 눈에는 별로 쓰잘 데도 없는 물건들이 이렇게 많은가 싶어 차제에 다 없애버리라고 짜증조로 아내에게 한마디씩 던지곤 했다. 아내 또한 내 말을 너그러이 삭일 리 없다. 나는 주로 그릇들을 꺼내 옮기는 데서, 아내는 내 책을 옮기는 데서 서로간의 공방이 오갔다.

그릇이나 책의 공통점이 있다면 수가 많다는 것과 무겁다는 점이다. 그리고 둘 다 풀어 놓고 보면 당장 필요한 것 보다는 대부분 사장시켜 놓은 것들이다. 게다가 꺼내서 옮기려다 보면 부피도 많고 옮기기에 힘도 많이 든다. 하긴 그릇을 모은 사람은 아내요, 책을 모아둔 사람은 나다. 그래서 둘이 타협하기를 차제에 그릇 쪽에서도, 책 쪽에서도 경중을 가려 대폭 솎아내어 버리기로 했다.

쓰지 않고 쌓아 둔 그릇이 많은 것도 전에 다 썼던 그릇들이다. 얼마 전까지만 해도 명절 때나 잔치 때, 또 장례 때면 다 집에서 음식을 마련하고 손님을 치러야 하기 때문에 그릇이 많이 필요했다. 때로는 이웃집에서 빌려다까지 썼다. 그러나 요즘은 어떤가? 가족 간에도 외식을 할 때도 있고 또 집안 대소사를 거의 다 전문 식당에 가서 치루지 않는가. 또 가족 구성도 핵가족이라서 주방 활동이 빈번하지도 않아서 많은 그릇이 필요치가 않게 되었다. 그러다 보니 지난날 쓰던 그릇이 고스란히 쌓여 있게 되었다. 또 요즘은 행사장에서 받아오는 기념품용 그릇이나 컵 종류도 적지 않다.

책은 또 어떤가? 직업에 따라 장서량의 차이는 있겠지만, 필요에 따라 사는 책도 있고 증정본으로 받는 책도 있다. 책도 일단 손에 들어오면 읽고 나서 버려지지가 않고 책장에 꽂아 두게 된다. 또 책이 한 권 두 권 늘어가 책장에 꽉 차는 것을 보는 그 넉넉한 마음도 책을 버리지 않는 원인이 되기도 한다. 그리고 오래된 책도 언젠가는 다시 찾아봐야 할 때가 있기에 쉽게 헌신짝처럼 버려지지가 않는다.

그러나 아내와 나는 이번 기회에 오래돼 안 쓰는 그릇과 퇴색되고 낡은 별 보존 가치가 없는 책들을 폐기 처분하기로 했다. 그렇지만, 막상 폐기 대상의 책을 골라내려다 보니 딱히 구별이 되지 않아 몇 번이고 들었다 놨다 망설여지곤 했다. 아주 버리기 보다는 한데 묶어서 창고에라도 가져다 두었으면 싶은 심정이었다. 그러나 창고도 없으니 별 수 없이 폐지 수집하는 사람에게 가져가게 하는 수밖에 없었다.

아내 또한 그릇이고 접시고 냄비고 컵이고 쟁반이고 어느 것 하나 버리고 싶은 마음이 없는 것 같았다. 책에 비해 그릇이야 퇴색할 이유도 없고 다 그 나름대로 이런 저런 사연이 담긴 것이라 막상 버리려 하니 자식을 버리는 것이나 다름없는 심정인 모양이다.

더 두어봐야 쓸데도 없고 그렇다고 보물이 될 것도 아니고 짐만 되거늘, 막상 버리려 하니 망설여지는 것은 미련인가 아쉬움인가.

# 대마도에 가다

이번 봄에 2박 3일간 대마도에 다녀올 기회가 있었다. 평소에 특별히 가보고 싶었던 곳도, 그렇다고 어떤 임무가 있어서 간 곳도 아니었다. 몇 문우들과 봄기운을 타고 여행을 할까하고 어디 가까운 외국여행지를 찾다가 대마도를 택하게 된 것이다.

대마도는 부산에서 대한해협을 사이에 두고 불과 49.5Km 떨어진 현해탄에 위치한 작은 섬이다. 지금은 일본 규수(九州) 나가사키(長岐縣)에 소속된 쓰시마시(對馬市)가 되어 있었다. 남북 82Km, 동서 18Km 총면적 708.3Km²의 길쭉한 모양으로 섬 전체가 산이라고 해도 과언이 아니다.

비록 일본 땅이라고는 하지만, 일본에서 제일 가깝다는 하카타로부터는 147Km나 떨어져, 오히려 뱃길로 1시간 30분밖에 안 걸리는 우리와 더 가까운 이웃과 같은 느낌이 들었다.

대마도는 이번에 처음 가보는 곳이지만 어린 시절, 대마도에 대한 인상이 있다면 고구마처럼 얼굴이 좀 살이 찐, 다부지게 생긴 씨름꾼 같은 사람을 대마도라고 불렀던 기억이 있다. 그러나 이번에 가서 보니 어린 시절에 가졌던 인상과는 전혀 달랐다.

대마도는 옛 삼국시대로부터 고려, 조선왕조에 이르기까지 정치적으로나 문화적으로 우리나라로부터 많은 영향을 받았던 인연 깊은 곳이었음을 곳곳에서 찾아볼 수가 있었다. 몇 가지 간추려 보면,

신라 눌지왕 때 일본에 인질로 잡혀간 두 아우 복호와 미사흔을 구출하고 일본에 잡혀 끝까지 충절을 지키다가 참형을 당한 신라의 충신 박제상의 순국비가 '사고'항에 있었다.

대한제국 고종황제의 외동딸인 덕혜옹주가 당시 일본의 압력에 의해 대마도 도주의 아들과 정략결혼을 하여 끝내는 심한 우울증으로 고생하다가 이혼한, 덕혜옹주 결혼기념비가 '이즈하라마치(嚴原町)'에 있는 석성공원에 있었다.

일제에 끝까지 항거하다가 투옥생활을 하던 중 끝내는 대마도에까지 이송되어 와서 병사한 후 고국으로 운구되기 전까지 시신이 잠시 안치되었던 이즈하라 수선사 경내에 대한제국의 애국지사 최익현 선생의 추모비가 있었다.

이밖에도 역사자료관에는 고대 우리나라에서 전래된 많은 도자기들이 전시되어 있었고 전시관의 큰 대문 앞에는 고려문(高麗門)이라고 새긴 화강석이 세워져 있었다. 그리고 임진왜란 이후 양국 간의 화해와 친교를 위해 양국 통신사 일행이 12회나 오가며 행사를 치르던 중 마지막 4회는 이곳 대마도에서 치렀다 한다. 본래 대마도는 거리상으로 우리와 가까이 있었고 신라에게는 조공을 바쳤으며, 도주가 통치할 때는 조선에 예속되기를 원하기도 했다 한다.

지금은 부산에서 대마도까지 우리의 여객선이 운행되고 있는데 관광객은 거의가 다 우리나라 사람들이란다. 그들이 우리 관광객 유치를 위해 우리와 역사적 인연이 있는 곳을 찾아 의도적으로 복원하고 개발한 흔적도 엿볼 수 있었다. 돌아오는 배안에서는 멀어져가는 대마도를 바라보면서 저 땅이 우리 땅이 될 수 있었을 것인데 하는 아쉬운 마음으로 가득 찼다.

# 그때가 좋았지

친구들이 모여 앉아 이런저런 지난 시절의 이야기를 나누다 보면, "그때가 좋았지."하며 공감을 한다. 그렇다면 지금은 그때만 못 하다는 말인가?

돌이켜 보면 지난 시절이야 지금보다 무엇이 나았겠는가. 생활환경만 보아도 외풍 센 낡은 집에서 연탄아궁이로 난방하고 욕실은커녕 화장실도 재래식으로 따로 밖에 있었다. 상수도는 대도시에나 있었지 시골에는 우물물을 길어다 먹어야 했고 부엌도 별도로 있었고 요즘처럼 레인지나 전기밥솥, 냉장고, 싱크대 같은 주방 기구들이 없었으니 얼마나 불편했는가.

교통 환경은 또 어땠는가. 고속도로나 고속전철은 있지도 않았고 냉난방이 된 버스도 없었다. 도로는 시내 도로쯤 되어야 포장이 되었고 웬만한 도로는 비포장도로로 털털거리는 버스에 먼지를 뒤집어쓰고 다녀야 했다. 추석이나 설 명절 때 귀성하려면 서울역 앞마당에는 열차표를 사기 위한 인파로 아귀다툼을 벌여야 했다. 열차는 대만원으로 지붕 위까지 올라가 타고 가야 했다.

경제 사정도 한 말로 가난 그것이었다. 국민 80%가 농업에 종사하였다. 그나마 수리안전답이란 거의 없다시피 하였고 천수답에 비료도 태부족에다 농사도 거의 소와 인력에 의존하다 보니 소출이 풍년이나 되어야 양석 소출을 했었다. 직장인들도 월급이 많지도 않으려니와 지금처럼 상여금이요 성과급이요 하는 것도 없었다.

식생활이나 의생활 면에서도 열악하기가 이를 데 없었다. 지금은 사라진 말이지만, 춘궁기, 보릿고개가 실제 있었다. 보리 수확이 될 때까지 3~5월 기간이 쌀도 떨어지고 식량이 부족해서 배를 곯아야 했었다. 그래서였던가. 그 당시 우리 청소년들의 신장이 같은 또래의 일본 청소년들보다 5cm나 적었다는 통계가 있었다. 의복이나 신발인들 철 따라 다양하게 갖추어 착용하기가 쉽지 않았다. 어디 체면 차려야 할 곳에 가려면 형제간에 또는 친구 간에 빌려 입거나 심지어는 세탁소에 가서 약간의 사용료를 주고 몰래 입어야 했다.

이런 상황이다 보니 문화생활이라는 것은 지금의 저개발국 수준이었다. 학생들이 학교에 입학하면 가정환경조서를 써냈

었는데 거기에 라디오, 전화, 냉장고, TV, 세탁기, 자가용 등의 가정 문화 기기의 유 · 무를 기록하는 난이 있었다. 그 당시에 이런 가정용품을 갖는다는 것은 부유층에 들어갔다.

이런 구차한 이야기를 이제 와서 되새겨봐야 무엇하겠느냐만, 지금이나마 풍요롭게 사는 것이 지난 시절 어렵던 삶이 있었기에 그 풍요의 가치를 느끼기 때문이 아닌가 한다. 그런데 예서 그치는 게 아니라 사람들의 마음이란 남보다 더 가지려 하고 더 좋은 것을 추구하려다 보니 만족을 모르고 끝없는 욕심을 향하여 치닫게 된다. 그래서 때로는 남을 속이고 투기하고 싸움도 벌인다. 심지어는 재산 문제로 부모 자식 간에, 형제간에 법정 소송도 불사한다.

그래도 가난했던 시절에는 인심은 넉넉했었다. 형제간에 우애도 있었고 부모에 대한 효심도 지극했다. 사소한 실수나 잘못이 있어도 화해하고 용서하고 하였기에 송사 사건도 지금처럼 많지도 않았다. 그래서 실버세대들은 "그때가 좋았지."라고 하는가보다. 욕심 때문에 마음속에 무거운 짐을 지고 자신도 모르게 병들어 가는 요즘 사람들, 그 마음의 짐을 벗어 놓고 아무것도 없는 빈 마음은 될 수 없는지….

늙어 가면서도 재산에 집착하다가 스스로 간 친구를 떠나보내고 돌아오던 친구들이 술 한 잔 하면서, 술값이 아까워 술자리 한 번 못 나오던 그 친구를 떠올리며 "그때가 좋았지."하며 허탈한 웃음을 웃었다.

# 주류(酒類)의 공헌

오래간만에 만난 친구 셋이서 점심을 먹게 되었다. 셋이 다 꼬리곰탕을 주문했다. 곰탕 중에서도 꼬리곰탕은 값도 좀 비쌀뿐더러 소문난 곰탕집 곰탕이서 탕 속에 든 토막 난 꼬리 고기의 맛이 일품이다. 먼저 탕 속에 있는 꼬리뼈를 다른 그릇에 건져 내어 고기를 뜯어 먹고, 밥은 그다음에 탕에 말아 먹는 게 순서이다. 이때에 딱 생각나는 게 있는데 두 친구의 입장 때문에 여의치가 않았다. 한 친구는 목사요, 또 한 친구는 장로였다. 식사가 시작되자 장로 친구가 목사 친구를 향해 "목사님, 기도하시지요!"라고 하니 목사 친구는 기다렸다는 듯이 바로 기도를 시작했다. 떠들썩하게 식사하고 있던 바로 옆 상의 손님들이 갑자기 조용해졌다. 봐하니 그들은 기독교인들은 아닌 것 같았으나 우리가 기도하는 것을 보고 예의를 베푼 모양이다.

이렇게 우리 셋이 기독교인임을 공개했는데 내가 어찌 딱 생각나는 소주를 청할 수 있으랴. 두 친구도 내 마음을 헤아려, "자네 소주 한 병 청해서 마셔!"라는 말 한마디가 없었다. 야속한 마음을 새기느라 술 대신 뜨거운 곰탕 국물만 한 방울도 남김없이 다 마셨다.

요즘은 외식도 많이 하고 또 이런저런 모임도 많이 갖다 보니 자연 식당 회식을 하는 기회가 많다. 여기에 약에 감초처럼 꼭 등장하는 게 술이다. 특별한 자리가 아니면 대부분 소주를 택한다. '술 권하는 사회'라는 말이 나올 정도로 특히 소주는 근래에 와서는 계층 가릴 것 없이 널리 즐기는 술로서 국민주라 해도 과언이 아닐 정도다. 전보다 도수도 낮아지고 순해져서 더 많이 마시는 원인이 된 것 같다.

겉보기에는 술 애호가가 많은 것 같지만, 막상 회식석상에서 보면 술을 마시는 사람과 못 마시는 사람이 각기 반은 되는 것 같다. 그래서 자리를 앉다 보면 스스로 알아서 주류, 비주류가 자연스레 갈라서 앉게 된다. 여기서 주류(酒類)란, 술 마실 줄 아는 파이고 비주류(非酒類)란, 술을 못 마시는 파를 말하는 신조어이다. 이때 비주류는 술 대신 음료로 콜라나 사이다를 마시는데 콜라를 양주라 하고 사이다를 보드카라고 한다. 음료의 색깔로서 그럴듯하게 비유한 익살스런 표현이다.

그러나 이 주류들의 음주운전이 문제가 되어 단속이 심해지다 보니 유흥가의 큰 술집이나 뒷골목의 작은 술집들이 매상이 오르지 않아 울상이었다. 그렇지만 이것을 해결해 준 것이 대리운전이다. 대리운전은 주류들의 음주운전 때문에 생겨난 신종 직종이다. 그러다 보니 술집과 주류와 대리운전은 서로 공생관계가 된 셈이다. 이는 주류의 공헌이라 아니할 수 없다.

다른 나라에도 대리운전이 있는지는 몰라도 대리운전이라는 직종이 생길 정도로 주류가 늘어난다는 것도 바람직한 일은 아니다. 그동안 꾸준한 홍보와 시책을 통해서 흡연자는 많이 줄었고 또 점점 줄어 가는 추세이거늘, 주류들을 줄여가려는 홍보나 시책은 미미한 것 같다. 드라마나 광고에서는 여전히 음주 장면과 술 광고가 나온다.

2부

# 장수 시대의 꿈은 이뤘건만

# 겨울의 추억

1년 사계절이 뚜렷한 우리나라는 각기 그 계절의 특성을 잘 드러내, 계절마다 느끼는 감각과 그에 따른 삶의 즐거움을 골고루 맞으며 사는 것도 이 땅에 태어난 축복이 아닌가 한다.

겨울이 오면 어린 시절 얼음판에 나가 또래들과 어울려 팽이치고 썰매 타던 일이 떠오른다. 추운 날씨인데도 장갑도 없고 신발은 차가운 고무신이었지만 노는데 팔려서 손이 시린지 발이 시린지도 잘 못 느꼈다. 밖에서 들어오면 더운물에 손발조차 제대로 씻지를 못했으니 손발에는 늘 때 켜가 앉고 핏빛이 보일 정도로 트고 동상이 겨우내 걸려 있었다. 저녁에 따뜻한 방안에 앉았노라면 트인 손등이 따갑고 동상 입은 손 발가락이 얼얼하고 아리고 근질거렸다.

당시 어른들은 이 정도는 대수롭지 않게 여기고 집에서 민간요법으로 치료를 해 주었다. 손이 튼 데는 돼지기름을 발랐고 손발가락의 동상, 그 당시는 얼음이 박혔다고 했는데 그 박힌 얼음을 빼는 방법으로 콩을 자루에 한 반 말 정도 담아서 추운 밖에다 한참을 내 놓았다가 방으로 들여와서 그 차디찬 콩 자루 속에 얼음 박힌 손과 발을 번갈아가며 박고 한참을 있는 것이다. 이 쯤 되면 손과 발이 더 얼어오고 나중엔 감각조차 없을 정도가 된다. 한참을 참고 견디다가 적당한 때 빼고 앉아 있으면 얼음 박힌 부분이 후끈거리며 무엇인가 살 속에서 녹아내리는 듯 했다. 콩 자루 치료법 외에도 얼음이 둥둥 뜬 찬물을 대야에 담아다가 담그기도 했다. 이 민간요법이 주효했는지 겨울이 지나면 씻은 듯이 손발의 트임과 동상은 없어졌다. 지금 생각하면 참 황당한 치료법이었지만 아마 이냉치냉(以冷治冷)의 효과라고나 할까 참 신통한 일이었다.

요즘 아이들은 손발이 트거나 동상 입은 것을 볼 수 없다. 대부분 난방이 잘 된 실내 놀이 시설에서 여러 가지 빙상운동이며, 컴퓨터 게임을 즐기다 보니 차가운 북풍한설 속에 노출될 리가 없다. 게다가 온 냉수를 어디서나 부족함 없이 사용하여 몸을 정결히 하고 방한 보온이 잘 된 의복으로 무장하였으니 추위를 거의 느끼지 않는 것 같다.

지금에 비해 지난 시절의 겨울은 너무도 추웠다. 집에서도, 밖에서도, 학교에서도 온통 추웠던 기억뿐이다. 주택이나 건물 구조도, 난방 형태도, 의복도 추위를 막기에는 모두가 부실했다. 난방을 위한 연료는 오직 볏짚이나 솔가리 또는 나무와 연탄뿐이었으나 그나마 풍족하질 못해서 늘 춥게 지낼 수밖에 없었다.

지금은 석유와 가스와 전기 덕에 춥지 않은 겨울을 보내며 주택이나 건물도, 의복도, 옛날과는 비교도 되지 않을 만큼 고급화 되고 계절의 영향 없이 각종 문화의 혜택을 누리며 살고 있으니 얼마나 행복한 삶인가. 그러나 그 석유의 과다 사용으로 배출되는 온실가스는 지구를 온난화시키고 그로 인하여 지구환경이 바뀌는 기상 이변으로 인류는 엄청난 재앙을 맞을 것이라는 전문가들의 예고는 작금의 세계적인 이슈가 되고 있다.

이런 기상 이변으로 온난화가 계속된다면 사계절이 뚜렷했던 우리나라도 아열대성 기후나 열대성 기후로 바뀌게 될 것이고, 그리하여 엄청난 재앙이 들이닥칠 것이 틀림없을 것이다. 즉, 한겨울인데도 쓰나미 같은 엄청난 해일이 불어닥칠 수도 있을 것이고, 여름철엔 살인적인 폭서가 불어닥칠 수도 있을 것이다. 그렇다고 당장 그런 이변이 올 것도 아니겠지만 너무도 끔찍스런 일이기에 믿고 싶지도 않은 심정이라 피안의 불로 여겨질 뿐이다.

올해도 변함없이 겨울을 맞이했다. 겨울철이 오면 얼어붙은

강 위에서, 마을 앞 논 얼음판에서 팽이치고 썰매 타고 스케이트 타던 그 시절이 떠오른다.

# 장수시대의 꿈은 이뤘건만

요즘은 어디를 가나 고령인구가 많아졌음을 쉽게 본다. 그러면서도 외모로 보나 자세로 보나 건강해서 고령의 나이로 보이지 않는다. 지하철을 타보아도 경로석이 언제나 만석이어서 종점역이 아닌 경우에는 좀처럼 자리가 없을 정도다. 이런 경우, 서서 가면서도 서야할 위치가 난감할 때가 있다. 일반석 쪽에 서려하니 이미 앉아 있는 젊은 승객들에게 마치 자리를 양보하라는 것처럼 보여 그럴 수도 없고, 그렇다고 노인석 앞에 가서 서서 가려니 앉아가는 노인에게 부담을 주는 것 같은 느낌이 들어 결국 복잡한 출입문 쪽에 서서 가기도 한다.

근래에 와서 노인인구가 눈에 띄게 늘어나다 보니 노인들의 외출도 많아졌다. 특히 65세 이상 노인들에게는 지하철은 무임승차에다 좌석까지 지정되어 있으니 무료함을 달래기 위해서라도 지하철 여행을 즐기는 경우도 없지 않다. 1호선 신창행을 타보면 천안역을 지나면 차내에는 거의 다 노인들인데 이 노인들은 온양온천역에서 내린다. 온양에는 예부터 온천으로 유명한 곳인데다 지하철이 무임이요 서울에서 불과 2시간 남짓한 거리니 온천욕도 즐기고 시장 내 실비의 푸짐한 곰탕과 반주도 즐기며 하루 시간 보냄에 안성맞춤이 아닌가. 그러잖아도 온양역에 내리면 여기저기서 소개꾼들이 따라붙으며 식당, 온천탕 등을 안내하는 바람에 이를 뿌리치는 것도 고역이다. 또 역전 마당에는 가설무대가 설치되어 노인들을 위한 쇼도 벌어진다. 이러다 보니 온양의 거리는 노인들의 천지라고 해도 과언이 아니다.

이뿐이랴, 전철 안은 여름철에는 시원한 냉방으로, 겨울철에는 따듯한 온방으로 사철 바깥 날씨에 관계없이 온도 조절이 잘 되어 있기에 전철이 닿는 곳이면 어디든지 다녀올 수 있다. 그러니 할 일 없이 온종일 무료하게 집안에 있느니 아침 식사하고 전철 경로석에 앉아 공짜로 온종일 여행도 하며 보낼 수 있으니 신선놀음이 어디 따로 있으랴. 그래서 '지공선사'(지하철 공짜로 타고 다니는 선사님)으로 비유한 노인 폄하의 말이 다 나오지 않았나.

현재 우리나라의 사람들의 평균수명은 남자 80.3세, 여자 86.3세로 평균수명이 83.3세(2021년 통계)라 한다. 이에 비해

1970년 통계로는 남자 58.7세, 여자 65.6세로 평균수명이 62세로 약 20세의 차이가 난다. 현재 우리나라의 고령화 속도나 고령인구 분포가 OECD 평균수명 81세에 비하면 회원국 중에서도 상위 수준인 것이다. 이 추세로 가면 앞으로 2030년에 가면 우리나라 평균연령이 세계 제일이 될 것이라는 예상이다.

유엔에서 정한 고령화의 단계로는 65세 이상 인구가 전체인구의 7%가 넘으면 고령사회단계이고, 14%이상이 되면 고령사회, 20%이상 되면 초고령사회로 분류한다. 우리나라는 2000년에 노인인구가 7.25%로 고령화사회로 진입했고, 2018년에 14.3%로 고령사회로, 2026년에 가면 20.8%가 되어 초고령사회가 될 것으로 예상하고 있다. 이렇게 고령화사회에 진입한 이후 26년 만에 빠른 속도로 초고령사회로 진입되는 경우는 다른 선진국의 고령화에 비해 매우 빠르게 온 것이다, 이렇게 된 원인으로는 경제성장으로 생활환경이 급격히 개선됨에 따라 삶의 질의 향상으로 인한 평균수명과 기대수명이 짧은 기간 동안에 증가해 다른 나라에 비해 빠르게 고령사회를 맞게 된 것이다.

인간의 장수에 대한 기대와 꿈은 예부터 있어왔다. 중국천하를 통일하고 최초의 시황제가 된 진시황제도 한 가지 장수의 꿈을 이루기 위하여 불로초를 신하들에게 찾아오라고 하지 않았던가. 우리나라에도 3년고개, 3천갑자동박삭 같은 장수에 얽힌 동화와 전설도 전해 내려오고 있다. 그러나 그런 허황된 장수의 꿈이 아니라 지금은 끊임없는 연구의 결과로 인간 스스로가 장수의 꿈을 현실화하고 있는 것이다. 지난 시절에는 환갑까지만 살아도 장수를 누렸다며 환갑 축하연을 호화롭게 치렀다. 그리고 환갑을 넘어 살다가 주검을 맞으면 그 장례를 호상이라 해서 축제의 분위기로 장례를 치렀다. 이랬던 시절이 엊그제 같은데 지금은 100세 시대를 구가하고 있으니 그토록 원하던 장수의 꿈은 이루어진 것이다.

그러나 그 장수시대를 살고 있는 노인들이 과연 축복일까? 우선 국가로부터 노인 복지정책에 따라 여러 가지로 혜택을 받는다. 그렇지만 자식들로부터 받던 효도는 점점 사라져가는 추세이다. 핵가족시대와 함께 자식들과 떨어져 사는 노부모들이 대부분이다. 게다가 노부부 중 한쪽이 먼저 타계하면 어쩔 수 없이 독거노인의 처지가 되고 만다. 떨어져 살아도 자식들이 자주 찾아뵙거나 전화라도 자주하는 현대판 효심을 보이는 자식들도 있지만, 부모 재산을 일찍 물려받고 전혀 돌보지 않거나 심지어는 재산을 안 준다고 폭행이나 살해까지 하는 경우도 간혹 있다.

이렇듯 장수시대인데도 노인들은 축복은커녕 4가지 고통(老人四苦)을 맞고 있다. 즉, 빈곤고(貧困苦), 고독고(孤獨苦), 무위고(無爲苦), 질병고(疾病苦)이다. 현재의 노인들은 장수 1세대 노인들로서 길어진 여생에 대한 아무런 준비가 없이 맞고 있는 것이다. 거리에 나가보면 리어카나 유모차에 폐지나 버려진 재활용품들을 주워 담아 끌고 다니는 남루한 옷차림의 노인들을 흔히 볼 수 있다. 장수시대를 맞는 인생2모작을 4고로 마감할 수는 없는 일, '자유를 즐김(自由樂)', '시간의 여유를 즐김(時間餘裕樂)', '우대를 받는 즐김(優待樂)', '생존경쟁이 없는 즐김(生存競爭無樂)'의 四樂으로 사는 2모작이 되어야 할 것이거늘….

# 달라진 겨울나기 모습

겨울철에 우리네 삶의 모습의 변화가 어디 한두 가지이겠냐만, 우선 의(衣)와 주(住)생활면에서 많은 달라진 모습을 볼 수 있다. 요즘 거리에 나가보면 사람들이 입고 다니는 옷이 웬만하면 다 패딩류들이다. 속에는 보온성이 우수한 오리털이나 거위털을 용도에 따라 얇게 또는 두툼하게 깔고 넓게 또는 좁게 누빈 다양한 디자인들의 패딩옷을 입고 다닌다. 또 바지에도 안쪽에 모직물이나 면직물이 깔려 있어서 이 또한 내복의 효율성을 함께 해주고 있다. 그래서 영하 10도 이하로 내려가도 이런 차림이면 얼굴을 제외하고 몸 전체는 한기를 못 느낀다.

지난날 겨울철의 옷은 속에 솜을 두고 검정 물을 들인 광목천으로 집에서 어머니가 바느질해서 만든 솜바지 저고리를 입었다. 이 시절에서 조금 지나서는 양복시대이다. 내복도 입고 겉옷으로는 모직 또는 합성 복지로 된 재킷과 바지 또는 점퍼를 입거나 아주 추운 날씨에는 두꺼운 모직 천으로 만든 무릎 아래까지 내려오는 긴 외투를 입었다.

주거생활 또한 많은 변화를 가져왔다. 지금은 도시 지역에는 거의 고층 아파트 단지로 되어 있고 아니면 다세대 빌라나 원룸 투룸형의 주거 형태다. 건물 자체가 외벽이나 창호 지붕이 모두 단열 자재로 되었고 실내부에는 화장실 겸 욕실, 주방, 거실, 침실, 베란다 등 고루 다 갖추어졌다. 난방 또한 보일러에 의해 온수가 방바닥에 깔린 파이프를 통해 순환되기에 고루 덥고 온 냉수가 주방이나 화장실에 항상 공급되고 있어 아무리 추운 날씨라도 실내에서는 한기를 못 느끼며 편리한 생활을 한다.

이에 비해 지난날의 주택은 대개 단층으로 나무 골조와 흙벽에 초가지붕이거나 또는 함석, 기와지붕의 단독 가옥이었다. 화장실은 따로 떨어져 있었고 수거식이어서 악취가 심해 위생과는 거리가 멀었다. 실내 난방은 나무를 때서 방바닥을 덥히는 온돌방 구조라 방안 전체가 고루 덥지도 않았고 외풍도 있어 추울 수밖에 없었다. 이보다 조금 발전되어 연탄을 사용하면서 아궁이만 연탄을 때도록 개조하여 연탄을 계속 갈아주면 방바닥은 계속 온기를 유지했다. 그러나 주택 구조의 부실로 연탄가스가 새어 나와 가스 중독 사고가 빈번했었다.

관공서나 학교 같은 공공시설은 나무나 갈탄, 연탄을 때는 난로가 실내 난방의 고작이었다. 그나마도 기온이 영하 3도 이하로 내려가야 난로를 피우도록 했고 그것도 연료 부족으로 온종일 땔 수도 없었다. 학생들은 아침에 등교할 때 개인 별로 장작 몇 개피 또는 불쏘시개로 마른 솔방울을 가져가야 했다. 요즘처럼 급식하던 시절이 아니라 직사각형의 알루미늄 도시락을 지참했기에 점심시간이 다가오면 난로 위에 도시락을 덥히기 위해 수북히 쌓아 올린 모습은 지금 생각해도 진풍경이 아닐 수 없다.

이런 시대를 살아온 노인 세대들은 오늘의 이 향상된 생활의 가치와 고마움을 피부로 느끼며 살지만 이 시대에 태어난 젊은 세대들은 현재의 삶의 수준에서의 출발이기에 더 향상된 삶을 기대할 뿐, 선대들의 지난날의 살았던 시절을 한낱 옛이야기로 들릴 것이다. 같은 하늘 아래 살면서도 세대별로 삶의 경험이 이렇게 차이가 있다는 것은 그만큼 우리나라가 짧은 기간 동안에 고도성장 발전해왔음을 입증함이 아니겠는가. 그렇지만, 요즘 와서 경제가 침체되고 성장이 둔화되면서 빈부 격차도 심해지고 청년 실업률이 날로 높아가면서 '3포시대', '금수저', '흙수저'라는 이 시대를 풍자한 유행어가 나올 정도이니 어느 시대이건 모두에게 복지를 고루 누리는 만족을 느끼며 사는 시대는 없는 것 같다.

# 아들을 결혼시키면서

지금으로부터 12년 전에 하나밖에 없는 아들이 전방 부대에 입대하던 날, 허전한 마음에서 눈시울을 붉혔던 일이 엊그제 같은데 어느새 그 아들이 제대를 하고 학교를 졸업하고 직장도 갖고 여자 친구도 생겨 순탄하게 결혼식을 올렸다. 자식이 장성해서 평생의 배필을 만나 혼인을 하여 새 가정을 이루고 저들만의 새로운 인생을 출발한다는 것은 경사 중에 경사요 축복인 것이다. 한편, 부모된 입장에서도 마땅히 할 도리를 다한 자긍심과 안도감으로 기쁨과 함께 홀가분한 마음이다. 그런데도 마음 한구석엔 허전함이 자리잡고 있음은 웬일인가?

결혼 풍속도도 전에 비해 많이 변했다. 첫째로, 사모관대하고 족두리 쓰고 초례청에서 혼례식을 올리던 재래 전통혼례식은 이젠 거의 사라졌고 턱시도나 양복, 웨딩드레스에 부케를

든 차림으로 전용 예식장에서 서양식으로 치르는 소위 신식 결혼식으로 바뀌졌다. 둘째로, 신혼생활도 시댁에서의 출발이 아니라 처음부터 분가하여 단 둘만의 보금자리에서 시작한다. 이렇게 된 데는 그동안의 우리 사회가 산업화됨에 따라 생활양식이나 가족 구조와 가족관계법의 변화에도 영향이 크다. 현대 아파트형 주택 구조는 대가족이 살기에 부적합하고 가족 구조도 핵가족화 되었고 상속법도 장자에게만 물려주던 것이 모든 자녀에게 동등한 비율로 주게 된 점이다. 부부의 역할도 남편은 나가 일하고 여자는 전업 주부로서 집안 살림과 아이 키우는 일만 하는 시대가 아닌 맞벌이 시대가 된 것이다.

옛날에는 실제로 남자는 장가를 들러 처가로 갔다. 장가란 한자로 丈家인데 이는 장인의 집을 일컫는 것이다. 고려시대에는 신랑은 처가에 가서 혼례식을 올리고 처가에서 첫 아이를 낳을 때까지 일을 돕고 살다가 본가로 왔다. 신부 또한 이 시기가 되어야 비로소 시가로 가는 것이다. 그러나 근래에 와서 구식 혼인은 신랑이 결혼식 날 처가에 가서 혼례를 치르고 바로 신부는 신랑을 따라 시집으로 왔다. 그래서 남자는 장가를 들고 여자는 시집을 간다고 했다.

그러나 아직도 딸 가진 집에서는 딸을 영영 보낸다는 생각이 마음속에 잠재되어 있어서인지 서운한 마음을 지울 수 없는 것이다. 반면 아들 가진 집은 며느리를 맞는다는 기쁨과 여유로운 마음이다. 그렇지만 그것은 마음만일 뿐, 실제로는 결혼과 함께 본가로부터 분가를 하다 보니 양가가 동등한 입장이 된 것이다. 다만 장가들고 시집간다는 표현은 결혼 당사자들만의 독립된 삶을 산다는 데서 현대적 의미를 살리는 것뿐이다. 그 동안 한 많고 설움 많던 시집살이도, 고부간의 갈등도 이제부터는 사라져가고 있는 것이다. 어찌 보면 지난 시대를 살아온 어머니들은 어린 나이에 정든 부모님과 형제들이 있는 고향집을, 시집간다는 명분으로 떠나와 낯선 층층시하의 시댁 식구들, 특히 시누이와 시동생들 치다꺼리까지 하며 숨죽이고 모든 것을 참고 견디며 출가외인의 몸으로 불행한 인생을 산 것이다.

짐승이나 새들도 어미는 새끼를 낳아서 지극 정성으로 가슴에 품고 보살피며 키워오다 자력으로 살 때가 되면 미련 없이 떠나보낸다. 식물들도 꽃을 피워 열매를 맺고 나면 다 떨어 버리고 빈 몸만 남아 있다가 스러지고 만다. 이것이 지상의 모든 생명체들의 삶의 정리(定理)인 것이다. 서양의 노인들이 우리나라의 자식들이 노부모를 모시며 효도하며 사는 가족 관계를 부러워했다. 그러나 이젠 우리도 그런 시대는 가고 자식을 낳아서 자력으로 살아가도록 키워서 짝지어 독립시킴으로서 세상에 태어난 임무를 다하고 여생을 홀가분한 마음으로 즐기며 살아가도록 설계된 삶을 살아가야 하는 시대가 된 것 같다.

# 우리 곁에서 사라져가는 것들

오래간만에 편지를 부치려고 집 근처에 있는 우체통에 갔더니 우체통이 온데간데없이 없어졌다. 하는 수 없이 좀 걸어서 우체국까지 가서 우체국 앞에 있는 우체통에 넣고 우체국 안으로 들어가서 직원에게 우체통이 없어진 이유를 물었다. 직원의 대답 요지는, 우체통 이용자도 줄고 게다가 누군가가 우체통 안에 폭죽을 터트리고 담배꽁초, 휴지 등 온갖 쓰레기들을 넣는다는 것이다. 이런 이유로 유지관리가 어려워서 철거시켜가고 있다고 했다.

듣고 보니 그런 법도 한 생각이 들었다. 하긴 나부터도 근래에 와서는 편지를 쓰는 경우가 거의 없다. 전할 일 있으면 이메일로 보내거나 휴대전화 문자로 손쉽게 보내고 또 곧바로 답장도 받고 하니 자연 손으로 쓰는 편지와 멀어질 수밖에 없다. 요즘처럼 통신 수단이 발달하기 전, 지난 시절에는 안부나 소식을 전하는 데는 편지 밖에 없었다. 시급을 요하는 소식을 전하고자 할 때는 가까운 우체국에 가서 요금을 내고 전보를 쳐야 했다. 집에 상을 당해서 군복무중에 있는 아들에게 부음을 급히 전해야 할 경우, 먼저 면사무소에 가서 사망확인을 받은 후 우체국에 가서 소위 '관보'라는 것을 부대에 보내야했다. 편지도 부치고 나면 거리에 따라 빠르면 3일, 늦으면 1주일도 더 걸려 배달되었다. 그래도 기다려지고 늦게나마 받아 보는 것만도 반가웠다. 그러던 편지가 지금은 손으로 쓰는 편지는 거의 없고 활자로 된 각종 고지서나 선전 홍보물류의 우편물만 우편함에 가득 찬다.

세월이 가면서 우리 곁에서 점점 사라져 가는 것들이 가만히 살펴보면 꽤 많이 있다. '10년이면 강산이 변한다.'는 말은 예전부터 들어왔지만, 지금은 10년이라는 한 시절의 단위가 무색하리만큼 세월의 흐름을 느낄 사이도 없이 강산만 변할 뿐 아니라 사람들의 인심도, 모습도, 생활양식도, 생활 도구도, 언제 바뀌었는지도 모르게 변해져 있음을 느끼게 된다. 단순히 변한 것도 있지만 전에 없던 새로운 것이 생겨난 것도 많다. 특히 노년층에 든 사람들은 이런 변화의 현상을 더욱 실감한다.

지난 날 교통, 통신 수단이 지금처럼 발달이 되지 않은 시절에는 자연 사람들 간의 내왕과 상호 교신이 원활치 않아 정보가 어두웠다. 그러다 보니 도농 간에 생활수준이나 문화의 차이도 심했다. 한 예로, 지금의 주민등록증에 해당하는 개인 신분증이 있었는데 서울은 '시민증'이고 각 도는 '도민증'으로 발급되어 공식적으로 차별화하지는 않았지만, 사람들 사이에는 '도민증'을 '되민증'이라 부르며 사실상 비하하기도 했다.

어쨌든 지금은 IT강국으로 발전된 나라에 살면서 얼마나 간편하고 편리한 삶을 누리고 사는가. 초등학생으로부터 노인에 이르기까지 스마트폰을 사용하며 세상의 정보를 손안에서 다 들여다보며 때를 가리지 않고 얼마든지 지인들과 교신을 하고 있으니 참 좋은 세상이 아닌가. 빨간 옷을 입고 자리를 지키고 서 있던 우체통이 이제는 추억의 우체통으로 우리의 곁을 떠나고 있다. 시대 변화에 밀려서 떠나가는 몸, 그냥 보고 지내면 어때서 그 몸속에 폭죽을 터트리고 담배꽁초를 버리고 휴지와 온갖 쓰레기를 집어넣는 그 양심은 어디서 나오는 것일까?

'성인도 시대를 따른다.' 했듯이 발전하는 시대에 맞추어 의식도 문화도 바뀌져야함은 당연한 일이다. 다만 살아왔던 지난시절의 흔적을 송두리째 지워버리거나 학대하듯 해서는 아니 될 것이다. 손으로 쓰던 편지가 활자로 변신하여 빠르고 간편하게 되었다고 해서 쓰기를 잊어서도 아니 될 것이고, 우리의 고유 언어조차 뜯어 고쳐 부르고 쓰면 아니 될 것이다. 더구나 선생님을 '쌤'이라 해서야 되겠는가.

# 고령화 시대의 노인상

요즘, '100세 시대'라는 말을 자주 듣는다. 전에는 어느 마을에 100세 되는 노인이 있다 하면 그 지역 면장, 군수가 시상을 하고 축하의 예를 올렸다. 그리고 신문에도 특종 기사처럼 보도가 되었다. 그만큼 100세를 산다는 게 희귀한 일이었다. 당나라의 시성 두보(杜甫)는 그의 시 〈곡강(曲江)〉의 한 구절에서 '인생칠십고래희(人生七十古來稀)'라, 인생이 70까지 산다는 게 예부터 드문 일이다, 라고 했다. 진시황제가 불로초를 구해 먹었지만 56세 밖에 못 살았고, 조선 왕조 27 왕의 평균수명이 46.7세였으며 82세까지 장수한 왕은 21대 영조대왕 한 분 뿐이었다. 내가 어렸을 적만 해도 동네에서 환갑을 맞는 노인이 있는 집에서 환갑잔치를 며칠씩 성대하게 치루는 것을 보았다. 그 당시만 해도 환갑까지 살면 장수하는 것이라고 축복으로 여겼고 돌아가셔도 호상이라고 했다.

현재 우리나라 사람들의 평균수명은 80.8세라 한다. 남자는 77.2세, 여자는 84.1세로 여자가 남자보다 7년을 더 사는 셈이다. 앞으로 이 추세로 나가면 지금 50~60대는 90세, 30~40대 연령층들은 100세는 무난히 살 것으로 본다. 문제는 장수에 따르는 노인 인구의 증가다. 65세 이상 노인인구가 전체인구의 7%이면 고령화사회, 14%가 되면 고령사회, 20%가 되면 초고령사회라 한다. 현재 우리나라는 노인 인구가 12.4%로 아직은 고령화사회에 있으나 2018년이면 고령사회로, 2026년이면 초고령사회로, 세계에서 가장 빠른 속도로 고령화하고 있다고 한다. 현재 100세 이상 노인이 2300명이 넘으며, 2030년에는 1만 명, 2040년에는 2만 명, 2060년에는 8만 명이 될 것이라고 한다.

고래로부터 인간의 근원적인 욕망이 바로 장수하는 것이다. 우리나라 사람이 추구해오던 5복 중에도 제일 첫 번째로 수(壽)가 들어 있다. 그러나 아무리 장수를 한다 해도 모든 생명체의 수명은 한계가 있는 법, 그래도 인간의 노력으로 그 옛날 40~50세 평균수명에서 오늘날 80세까지 연장시켰고 이제 곧 100세에 이르게 되었으니 큰 축복이 아니겠는가. 그러나 '문제는 건강수명이 얼마냐?' 이다. 건강수명이란, 사는 동안 병고로 고통 받는 기간을 제외하고 육신이 건강하게 사는 기간을 말한다. 우리나라 사람들의 실제 건강수명은 70세로 본다. 즉 80세를 기대수명으로 볼 때 10년은 병고의 나이인 것이다. 수명이 연장되어 100세를 산다 해도 늙으면 신체의 노화가 자연 따르게 된다. 노화는 곧 병고를 부르게 마련, 병고 없이 건강수명으로 100세는 불가능한 것이다. 오늘날 이만큼 수명이 연장된 것도 산업발달과 과학 기술의 발달로 인해 삶의 질이 높아지고 의료혜택을 받고 사는 덕이다. 여기서 노인들에게 더 큰 문제는 경제수명이다. 경제수명이란, 노후를 대비해 모아둔 돈이 다 떨어지는 시점까지다. 즉 경제수명이 얼마냐에 따라 100세도 가능한 것이다.

며칠 전, 젊은 모 가수의 이혼한 50대 아버지가 치매를 앓는 84세의 아버지와 79세의 어머니를 모시고 힘들게 살아오다가 노부모를 죽게 하고 '내가 모시고 간다.'라는 유서를 남기고 자신도 목을 매어 자살한 사건이 보도 되었다. 근래에 와서 노인의 자살, 동반자살 사건이 자주 일어난다. 현재 우리나라의 치매환자가 54만 명인데 고령화 때문에 치매 노인이 급증하고 있는 추세이며 2030년이면 100만 명이 될 것이라는 것이다. 치매는 노인 누구에게도 올 수 있는 질환이다. 미국의 레이건 대통령도, 영국의 대처 수상도 치매를 앓다가 세상을 떴다. 치매 말고도 중풍 같은 질환도 노인에게는 언제 올는지 모르는 불행의 화신(禍神)이다. 이런 병을 맞으면 가족들이 더 고통이다. 그 고통은 한 가정을 파멸로 몰아넣기도 한다. 이것이 고령화 시대의 노인상이 아니겠는가.

# 건강 검진

건강보험공단에서 2년마다 시행하는 건강검진을 올해로 차례가 와서 이 해가 가기 전에 받아야 할 판이다. 보험료를 매달 납부할 때는 큰돈 나가는 것 같은 기분인데, 어쩌다 감기라도 걸리거나, 어디가 아파서 병원에 가다보면 진료비는 1,500원이고 처방전을 받아 약국에 가서 3일 분 정도의 약을 사도 약값이 1,200원 정도다. 의료보험제도가 생기기 전에 비하면 얼마나 싼가. 보험제도라는 게 바로 이래서 좋구나 하는 것을 실감한다.

이 건강 검진에서 지금까지 모르고 지냈던 병을 새롭게 발견하여 조기에 치료를 받음으로써 하마터면 생명을 잃을 일보 직전에서 구출하는 사례도 흔히 본다. 무엇보다도 난치병으로 알려져 왔던 '암'도 내시경으로 위나 장내를 속속들이 촬영을 해서 용종이나 암세포를 찾아내고 또 자기공명 촬영이나 단층 촬영을 통해서도 신체 내부 구석구석을 소상히 촬영할 수 있음으로써 암 조직을 찾아내어 치료의 길을 열어주고 있지 않은가. 이런 발달된 의료 기술과 장비의 덕으로 예전에는 몰라서 못 고쳤던 병도 지금은 조기에 발견하면 거의 완치하는 시대가 되었다.

이러다 보니 국민 건강이 증진되고 따라서 수명이 연장되어 앞으로는 100세를 사는 시대가 곧 온다고 한다. 그러나 한편 병원에 가기가 두려운 면도 없지 않다. 조금만 의심되는 데가 있으면 검사를 하다 보니 '행여 '암'세포라도 발견되지나 않나?' 하는 불안감에서다. 암은 조기에 발견만 하면 수술해서 완치 한다고는 하지만, 수술과 치료과정이 길고 고통이 따르다 보니 당사자도 가족도 다 같이 고통을 겪어야 한다. 그리고 완치가 된다 해도 항상 섭생과 몸 관리에 주의를 게을리해서는 아니 된다.

친구 한 사람이 좀처럼 병원에 가는 일도 없고 운동도 잘 하며 술도 잘 마시고 건강에 대해서는 자타가 인정했다. 그런데 2년마다 하는 건강검진에서 생각지도 않게 대장암 판정을 받았다. 수술을 받고 항암 치료도 몇 번 받는가 하더니 결국 세상을 뜨고 말았다. 치료 받는 동안 머리도 빠지고 체중도 감소되고 그 좋아하던 술도 입에 못 대고 친구들 모임에 잘 나오지도 못했다. 가끔 집에 방문이라도 하면 하는 얘기가 암 진단 받으면 절대 수술하지 말라는 당부다. 나이도 들고 살만큼 살았는데 수술해 봤자 어차피 죽을 것을 왜 이렇게 고통 속에 살 필요가 뭐 있냐는 것이다. 살아 있는 동안 먹고 싶은 것 실컷 먹고 가고 싶은데 가고 원 없이 살다 가는 게 낫지 않겠느냐는 것이다.

사람마다 생각이 다 다르겠지만, 친구의 말도 일리는 있는 것 같다. 일단 암에 걸려 수술해서 암 덩이를 제거했다 하더라도 항암 치료를 여러 차례 받아야 하고 치료가 된 후에도 주기적으로 병원에 가서 검사 받아야 한다. 이 모든 과정 속에서 환자 자신은 온전하겠는가. 아픔을 견뎌야 하고 음식도 마음대로 못 먹고 행동의 제약도 많고 항상 가족이 곁에서 보살펴야 한다. 그러자니 가족에게도 고통을 준다. 또 보험 혜택은 받는다 해도 치료비 또한 만만치가 않을 것이다. 하긴 이쯤 되면 살아 있어도 목숨만 이어가고 있는 것이지 사는 의미가 무엇이 있겠는가. 전문가들에 의하면 암은 수술을 해도 생존 기간을 5년으로 본다고 한다. 물론, 그 이상 사는 사람도 있기는 하지만,

그러나 암이 걸렸다는데 수술을 안 한다고 고집을 부려봐야 가족들이 그렇게 하라고 그냥 순순히 따라주겠는가. 아무리 난치병이라도 가족의 입장에서는 죽을 때 죽더라도 집을 팔아

서라도, 빚을 내서라도 끝까지 치료를 하고자 한다. 거의 맹목적이다. 어찌 보면 비합리적이요, 비현실적인 생각일는지도 모른다. 결국 생명도 잃고, 재산도 잃고, 온 가족이 다 피폐해지다시피 되는 데도 포기는 없는 것이다.

나는 요즘은 건강검진 통지가 와도 선뜻 받고 싶은 마음이 없다. 차일피일 미루다가 그래도 기한을 넘겨서는 안 되겠기에 마지막으로 12월에 가서야 받는 경우가 많다. 건강 검진을 받아도 위나 대장 내시경 검사를 받기가 두려운 마음이 든다. 그것은 "암이요!" 소리가 나올까 두려워서다. 끝까지 모르고 지내면서 술도 음식도 먹고 싶은 대로 다 먹고 여행도 다니다가 어느 날 아파서 병원에 가서 검진 받고 무슨 병이 되었던 "말기요!" 소리가 나오면 그때는 수술도 필요가 없을 것이니 좀 앓다가 가는 게 낫지 않겠냐는 생각에서다. 그렇지만 나에게도 언제 닥칠지 모르는 죽음에 이르는 병 앞에도 이런 마음 일지는 의문이다.

# 부부의 날

5월 21일은 '부처님 오신 날'로만 알고 있었는데 이날이 또 '부부의 날'이었음을 비로소 알게 되었다. 아니 부부의 날이 있었는지조차도 그동안 몰랐었다.

달력을 보다 보면 붉은 숫자로 된 날만 공휴일이라서 관심이 가지 그 밖에 여러 기념일은 익히 알려진 날 이외의 날은 무관심하게 넘어가기가 일쑤다.

직장 생활하는 사람들은 출근이라는 스트레스와 피로감 때문에 주중에 공휴일이 있으면 그처럼 반가울 수가 없다. 운 좋게 연휴일로 이어질 때는 더 말할 게 없다. 이번, 부처님 오신 날도 부부의 날과 겹쳐 3일 연휴이니 즐길 처지에 있는 사람들은 그야말로 황금의 연휴가 아닌가.

5월은 가정의 달, 청소년의 달이라 해서 이와 관련되어 어린이날, 어버이날, 스승의 날, 성년의 날, 부부의 날 등이 있어 가족의 정과 은사에 대한 은혜와 사랑을 되새기게 하는 의미 깊은 달이기도 하다.

한편, 부부의 날이 있었음을 모르고 있었다는 것이 왠지 아내에 대한 미안한 감이 들었다. 21일로 정한 것은 둘이 하나가 된다는 뜻이라는 데서 더욱 의미를 새기게 해 준다. 다행한 것은 아내도 부부의 날이 있다는 것을 몰랐음이다.

부부란 무엇보다도 금실이 좋아야 함이 아닌가. 그러나 부부간에 금실이 좋다는 것은 어찌 보면 이상에 불과한 것이고 아마도 사소한 싸움이 더 잦으리라 여겨진다. 싸움도 싸움 나름이겠지만, 부부간에 싸움은 칼로 물 베기라고도 한다. 그만큼 깊은 싸움이 아닌 사랑싸움이란 뜻인데 물도 벨 수 있는 칼이어서인가 때로는 헤어지는 싸움이 되는 수도 있다.

나는 결혼 주례를 할 때마다 부부가 될 신랑신부에게 빼놓지 않고 당부하는 말이 있다.

부부는 일심동체(一心同體)라 했으니 늘 같은 생각, 같은 마음으로 한 몸처럼 살라고 한다. 뜻이 안 맞을 때는 서로 처지를 바꿔서 나보다 상대편을 먼저 생각하고 헤아리라고 한다. 그리고 함께 있을 때에는 언제나 대화를 하라고 한다.

그러나 예식장에서 이런 교과서 같은 주례사를 귀담아듣는 신랑 신부가 몇이나 되겠는가. 나도 주례할 때는 이렇게 말하지만, 솔직히 늘 그렇게 하며 산다고 자신 있게 말할 수는 없다. 금과옥조 같은 성현들의 말씀, 동서고금을 통한 수많은 명언, 명구들을 알고는 있어도 실행하기는 그리 쉽지 않다.

남을 배려하고 상대의 기분을 상하지 않는 칭찬의 좋은 말로만 대화한다면 싸울 이유도 없고 부부간은 말할 것도 없지만, 남과의 인간관계도 원만할 것은 당연하다. 그렇게만 한다면 이 세상에는 싸움이 없는 진정한 평화가 유지되는 천국이 되지 않겠는가.

그래도 적절한 싸움과 미움은 나름대로 긴장과 흥분을 유발하기도 하고 또 화해와 용서를 통해 새로운 정과 기쁨을 맛볼 수도 있어 이런 변화의 주기가 있음으로써 삶의 묘미가 있지 않겠는가.

부부란, 생물학적으로 보아선 혈연적으로 전혀 관련이 없는 남남 간이다. 그러나 결혼을 통해 함께 살면서 자녀를 낳고 키우다 보면 헤어지려야 헤어질 수 없는 인연으로 평생을 한 몸처럼 살아가는 관계이다. 그러나 근원적으로 같은 혈연이 아니라는 것 때문에 돌아서면 남이 될 수도 있다.

2와 1, '둘이 하나 된다.'라는 의미가 담긴 5월 21일 '부부의 날'을, 이제부터는 잊지 않으리라.

# 아, 옛날이여

어느 노인 요양병원에 입원한 친척의 문병을 다녀왔다. 다녀오고 나니 문병이라기보다는 차라리 면회를 하고 온 느낌이었다.

이 병원은 도심의 대로변에 있는 5층 전용 건물로서 '00 병원'이라는 간판이 걸려 있고 부제로 노인 요양병원이라고 쓰여 있었다. 병실마다 비좁게 보일 정도로 병상이 놓여 있고 병상에는 노인 환자들이 빈자리 없이 누워 있었다. 환자들은 정신도 온전치 못하고 말도 못하며 대소변도 못 가리고 자력으로 움직이지도 못하는 중풍 환자나 파킨슨병 환자들이 많았다. 내가 문병한 환자는 정신도 멀쩡하고 말도 잘하나 오랫동안 투석을 해왔고 최근에는 뼈마저 다쳐 움직이지 못하고 누워 있어야만 했다.

의사와 간호사, 간병원이 있기는 하나 환자와 비교해 수도 적을뿐더러 치료하기보다는 돌보는 정도였다. 환자들도 모두 노인들로서 회생 가능성도 없어 보이고 이곳에서 마지막 운명을 맞아야 할 것 같았다. 옛날 같으면 집에서 가족들의 정성어린 보살핌을 받아야 했을 것이거늘, 마치 수용소에 들어와 있는 느낌이 들어 가슴이 짠해 왔다. 그렇다고 이곳에 입원한 노인 환자들이 가족이 없는 것도 아니다.

지금은 산업사회 속에 살면서 젊은 식구들이 다 직장으로, 일터로 나가 바쁘게 살아가기 때문에 병든 부모를 모시며 거둘 수가 없는 처지다. 그러기에 불효의 마음이지만 어쩔 수 없어 노인 요양원이나 요양병원에 입원시킬 수밖에 없는 상황임은 이해가 된다. 그러나 이런 시설에 입원하는 것도 돈이 있어야 한다. 개인 부담과 정부보조로 운영되는 비교적 부담이 적은 시설도 있고 부담은 크지만, 환경이 좋은 사설 시설도 있다. 어쨌든 늙어 병들면 요양시설로 들어갈 수밖에 없는 게 현실 추세다.

개인에 따라 다소 차이는 있겠지만, 사람은 늙으면 병들게 되고 그중에서도 치매나 중풍 등으로 여러 해 동안 가족들에게 물적 심적 고통을 주고 결과적으로 가정을 황폐화시키고 떠나가는 경우를 흔히 본다. 늙어서 그렇게 되기를 바라는 사람은 한 사람도 없을 게다. 바라기는 요즘 유행어처럼

'9988234'(99세까지 팔팔하게 살다가 2.3일 앓고 죽음)이겠지만, 그것도 그런 복을 타고나야 되지 않겠는가?

앞으로 예비 노인들은 늙어서 자식에게 의지할 생각 버리고 노후 병들 때를 대비해서 미리 좋은 요양병원에 들어갈 기금을 비축해 두어야 할 것 같다. 꼭 병들었을 때만이 아니라 노후에 생활 문제도 자식들에 의존하여 함께 산다는 것도 여러 가지 문제를 일으킬 수 있기에 처음부터 각기 사는 게 상책이다. 섣불리 자식들에 재산을 증여하거나 가진 것 다 내주고 빈손으로 노후를 맞는 일은 어리석은 처사이다.

부모의 부양문제나 유산을 놓고 형제간에 싸움을 벌이고 재판까지 하는 일은 이젠 예사로운 일이 되었다. 예전 같으면 어디 생각이나 할 일이던가. 가난했어도 가족 간에 정이 넘치고 효심이 지극했던 그 시절, 아 옛날이여!

# 스승의 날에 스승의 마음

스승의 날 아침에 전에 함께 근무했던 후배 선생님으로부터 안부와 감사의 문자가 왔다. 뜻밖의 문자를 받고 보니 너무도 반갑고 고마워서 나도 즉시 감사와 격려의 답글을 전했다.

요즘은 휴대 전화가 있어서 마음만 먹으면 얼마든지 문자로 손쉽게 뜻을 전할 수가 있어서 시간이 없다, 바쁘다 하는 소리는 그저 핑계에 불과한 것이다.

옛날이어서 학교를 다니지 못했던 세대들이거나 학교는 다녔어도 노령에 들어 스승님이 이미 고인이 되었거나 한 경우 외에는 스승이 없는 사람은 없을 게다. 스승은 나를 가르쳐 주신 분이기에, 낳아 주신 부모님 은공 못지않게 가르쳐 주신 그 은공 또한 평생토록 잊지 않고 기리며 보답하는 것이다.

근래에 와서는 '스승의 날'로 정해서까지 현재 재학생은 물론 전 국민이 다 같이 이 날 하루만이라도 스승을 기억하고 잊혀 가는 스승의 은혜를 되새기며 기리는 아름다운 모습으로 승화시키고 있기에 모든 사람들에게 감동을 준다.

이런 은혜와 존경으로 가득한 스승의 날이 언제부터인가 촌지라는 오명으로 얼룩지면서 아직도 그 후유증에서 깨어나지 못하고 있는 것 같다. 한 때 교육부장관의 명으로 스승의 날 학교 교문을 닫아걸게 하고 교문에는 촌지사절과 학부모 출입을 금한다는 공고문을 내 건 적도 있었다. 또 학교에 따라서는 이 날 휴교를 한 경우도 있어 왔다. 그래도 금년 스승의 날은 휴교한다는 학교는 없어서 다행이다.

그런데 이번엔 일부 백화점에서 스승의 날 상품권 코너를 만들어 놓고 10만원에서 50만원에 이르는 상품권을 판매를 하고 있다. 상품의 내용도 다양하게 소개를 하며 택배까지 한다는 것이다. 장사하는 사람들이 장사의 머리를 쓰는 것은 당연하다 하겠지만, 스승의 존엄성을 상품화 한다는 것은 좀 지나친 것이 아닌가 한다. 문제의 촌지라는 것도 치맛바람 학부모들에서 비롯된 것이지만 한동안 잠잠해지는 듯 하던 그 치맛바람의 망령을 이번엔 백화점 상품권으로 되살려 내려하고 있으니 또 마음이 상한다.

늘 가르치며 대하는 사랑스런 어린 제자들에게 선생님들이 무슨 그런 상품권이나 촌지를 바라겠는가? '선생님 감사해요,

사랑해요'라는 문자나 인사 한 마디, 꽃 한 송이면 족하고 그것이 아니더라도 선생님 가르침 잘 받고 마음 상하게 하는 일 안 저지르면 그것으로 흐뭇한 것이다. 그리고 후일에 성공하는 제자가 생기면 더욱 보람을 느낄 뿐이다. 진정 스승의 은혜를 보답해야 할 제자는 재학생 어린 제자가 아니라 졸업해서 사회의 역군으로 활동하는 옛 제자들이어야 할 것이다.

이젠 제발 스승의 날에 스승님이 촌지나 상품권 때문에 본의 아니게 씁쓸하고 우울한 마음으로 보내지 않게 되기를 바란다.

3부

# 글씨 시대는 가고

# 아파트 너머로 뜨고 지는 해

요즘 우리나라 어디를 가 봐도 지난날의 고즈넉한 시골 마을을 보기 어렵다. 지난날의 시골 마을 하면, 나지막한 초가지붕의 집들이, 마을의 지형 본래의 형태에 따라 거기에 맞춰 형편에 맞게 아무런 구애됨없이 들어섰었다. 마을의 길 또한 집과 집 사이로, 밭과 논 사이로 자연스레 생겨나서 마차가 다닐 수 있는 좀 넓은 길도 있고 겨우 사람이나 지나다닐 수 있는 좁은 길도 있었다.

농촌을 벗어나 읍내라고 불렀던 소도시에는 초가집은 그리 많지 않았어도 단층 함석지붕집이나 기와집 그리고 2~3층 정도의 목조 또는 벽돌집이 더러 있었고 중심가에는 학교 건물이나 면사무소, 우체국 같은 좀 현대식 건물이 있을 정도였다. 이 중에서도 학교 건물이 제일 크고 2층, 3층도 있는 건물이었다. 그러나 어쩌다 서울 같은 대도시에 가면 눈이 휘둥그레질 정도로 고층 건물들이 대로변에 총총히 들어서 있고 전차와 자동차들이 끊일 사이 없이 지나가고 사람도 많음에 정신을 못 차린 정도였음이 기억난다.

그러나 동서남북 방향은 분명히 분간되었고 동쪽하늘에서 아침 해가 뜨고 서쪽하늘로 해가 지며 특히 시골 마을에서는 뜨는 해는 동산에서 뜨고 지는 해는 서산(西山)으로 붉은 노을을 지우며 지는 모습을 뚜렷이 볼 수 있었다. 그런데 요즘은 일출 일몰의 아름답고 황홀한 모습을 바닷가나 넓은 들판이 아니고서는 좀처럼 볼 수가 없다. 또 전부터 있었던 동산이나 서산도 고층 아파트에 가려져서 직접 가서 보지 않고는 좀 떨어진 데서는 보이지가 않는다. 더욱이 도시개발 사업부지로 잡히다 보면 그나마 야트막한 동산들도 모두 밀어내서 택지로 변하고 그 자리에 20~30층의 고층 아파트들이 들어선다.

그리고 도시에서는 밤이 되면 주변이 온통 현란한 불빛으로 불야성을 이루니 여기에 현혹되어 밤하늘의 달과 별은 일부러 고개를 쳐들고 올려다보지 않으면 평소에는 거의 무관심 속에 잊고 지낸다. 어린 시절에는 달과 별에 관한 동요도 많이 불렀고 별자리 이름도 많이 외웠지만 지금은 기억 속에서 사라진 지 오래다. 우리나라가 농경 사회에서 산업 사회로 바뀌면서 자연 사람들의 의식과 생활 방식도 많이 변했다. 특히 의·식·

주 생활면에서 너무도 많은 변화와 발전을 가져왔음을 본다. 우선 주거 생활면에서 볼 때 통계청 자료에 의하면 2018년 기준으로, 서울시 전체의 아파트 가구 수가 45.6%, 단독주택 가구 수는 30.2%, 연립주택 다세대주택 가구 수는 23.4% 로 나와 있다. 1970년대만 해도 서울의 주택 가운데 80%이상이 단독 주택이었다 하는데 지금에 와서는 역전이 된 것이다.

갈수록 도시의 인구는 늘고 주택의 공급이 수요를 못 따르다 보니 주택난이 심각해지고 따라서 주택 가격이 오를 수밖에 없다. 도시의 땅값은 비싸고 그나마 도심권 내에 아파트 건축을 하기도 쉽지 않다 보니 새로 건축을 하거나 재건축을 할 경우 30층 50층 고층화된 아파트가 단지화되고 이런 단지화된 아파트는 대부분 연이어 있어서 마치 거대한 아파트 숲을 이루고 있다. 이런 아파트의 주거환경 속에서 살다 보니 아침 저녁 뜨고 지는 해는 자연 아파트 너머로 볼 수밖에 없다. 일출 일몰의 대자연의 아름답고 황홀한 연출을 못 보며 점점 잊혀가는 것이 못내 아쉽다.

# 술 이야기

나는 젊어서부터 술을 마셔왔다. 술 먹는 사람에는 여러 가지 별칭이 따라 붙는다. 술꾼, 주정뱅이, 술망나니, 주태백이 등…, 다 낮잡아 하는 말로 좋은 호칭은 아니다. 나 역시 술을 마시는 사람이기에 나에게도 이런 호칭이 따라 붙는지도 모른다. 하지만 '구렁이 제 몸 추듯 한다'고, 나 자신은 이런 호칭과는 관계가 없다고 자부하고 있다. 술 마시는 사람들에게는 각자가 자기 주량이 있다. 나도 주량으로 치면 술꾼 속에는 들 정도다. 술꾼은 사전에도 '술을 좋아하며 많이 마시는 사람'으로 나와 있듯이 주정뱅이나 술망나니와는 좀 거리가 있다. 그러나 술(알코올)은 마시면 취하게 마련이고 뇌기능에 영향을 주어 눈에 초점을 흐리게 하고, 혀 꼬부라진 말과, 비틀거리는 걸음걸이, 다음날 필름이 끊어져 기억이 잘 나지 않거나, 예서 더 심하면 이성 잃은 행동을 하게 하는 특징이 있다. 이 정도가 되면 천하 없는 술꾼도 주정뱅이나 망나니가 될 수밖에 없다. 고무줄의 탄성도 한계를 넘으면 끊어지고 말듯이 술도 자기 주량의 한계를 벗어나도록 마시면 결국 자기 자신을 망가트릴 수밖에 없다.

술을 적당히 마시면 중추신경과 말초신경이 적절히 흥분되어 기분이 좋아지고 스트레스도 해소된다. 또한 불안과 긴장감이 줄어들어 평소에 수줍어 움츠렸던 용기도 생겨 말도 잘 나오고 호탕해 지기도 한다. 그래서인가 용감해질 필요가 있을 때 한 잔 마시고 나서기도 하지 않는가. 그런데 왜 적당히 술을 마시지 못하고 과음하게 되며, 흔히 알코올 중독에 빠질까? 그것은 그 당사자들의 의지와 음주 습관에 달렸다고 볼 수밖에 없다.

나도 술꾼이기에 잡지나 인터넷에서 술에 관한 이야기가 있어서 보다 보면 흥미로운 대목들은 저장해 두거나 스크랩을 해 두기도 한다. 그 중에 몇 가지를 소개해 보고자 한다. '술자리 4훈(訓) 6계(誡)'라는 게 있다. 1훈: 술을 권할 때 술이 센 사람보다는 약한 사람에게 권하라, 2훈: 술잔의 1/3양은 남겨 놓고 있다가 다른 사람이 권할 때 비우고 받아라. 3훈: 가급적 술잔을 2~3개 갖고 있는 사람에게 권하라. 4훈: 가능한 자기의 술잔은 비워두지 않는다. 그리고 6계는, 1계: 대화 중 옆 사람 하고만 얘기하지 말라. 2계: 상호간 의견대립이 민감한 화제는 피하고 공감된 화제로 돌려라. 3계: 나의 화제로만 이끌지 말라. 4계: 먼저 떠나려면 화장실 가는 척하고 떠나라. 5계: 지나치게 점잔만 빼지 말고 적당히 취한 척 하라. 6계: 다음날 만났을 때 술좌석 얘기는 피하라. 주객들이 지켜서 과음하지 않고 실수할 일은 없을 것 같다.

또 다른 이야기로, 술자리라면 9가지를 불문하고 참석한다는 것이다. 그래서 이것을 9불문(9不問)이라 한다. 즉, 청탁(淸濁), 원근(遠近), 입자(立座), 안주(按酒), 노소(老少), 주야(晝夜), 일기(日氣), 체면(體面), 장소(場所) 등이다. 이쯤 되면 가히 금메달 깜의 술꾼이 아니겠는가.

또 '술자리 10불출'도 있다. 1. 술 안 먹고 안주만 먹는 자, 2. 남의 술에 생색내는 자, 3. 술잔 잡고 잔소리 하는 자, 4. 술 마시다 다른 자리로 가는 자, 5. 술 마시고 따를 줄 모르는 자, 6. 상갓집에 가서 술 마시고 노래 부르는 자, 7. 잔칫술 먹고 우는 자, 8. 얻어만 먹고 한 번도 안 사는 자, 9. 남의 술자리에 제 친구 데리고 가는 자, 10. 술자리에서 축사나 건배사를 길게 하는 자 이다. 공감이 가는 말이다.

하나 더 소개하면, 세종대왕께서 내린 계주교서(誡酒敎書)에 있는 유시계(酉時誡), 현주계(玄酒誡), 삼배계(三盃誡)다. 술은 저녁(6시)에 마실 것과, 맑은 물과 함께 마실 것과, 석 잔만 마실 것을 지키게 한 것이다. 즉, 낮에는 술 마시지 말고 일에 열중할 것이며, 물과 함께 마심으로써 취하지 말 것이며, 석잔 이상 과음하지 말 것을 경계한 것이다.

이상의 네 가지 중 나도 술꾼이기에 여기에 나의 모습 비춰가며 채점을 해 보면, 농담이지만 종합 점으로 '우'에는 해당될 것 같다. 그러나 술이 좋아 술 마시는 사람이 일일이 이런 것, 저런 것 재가며 마실 수는 없는 일이다. 다만, 나는 나 나름대로 세 가지 요소만 갖추면 술자리를 즐긴다. 첫째 같이 술자리 할 사람으로는 나와 술 취향이 맞는 사람, 둘째 안주는 고기류이어야, 셋째 술은 소주나 배갈이다.

그런데 어느새 산수(傘壽)를 넘기다 보니 저세상 간 술벗들도 많고, 있어도 그 특상 급의 술 실력을 자랑하던 술벗들이 한두 잔 술로 족하거나 아예 단주의 처지가 된 친구도 많다. 술도 인생도 세월 앞에는 다 굴복하고 마는가 보다.

# 단칼비수

지금 우리 사회가 고령인구가 늘어가고 있음은 누구나가 다 실감하고 있을 것이다. 따라서 100세 시대라는 말도 예사롭게 하고 있다. 노인 인구(65세 이상)가 전체 인구의 7% 이상이면 고령화사회, 14% 이상이면 고령사회, 20% 이상이 되면 초고령사회라 한다. 우리나라는 현재 노인 인구가 600만이 넘어서 곧 고령사회로 진입할 것이라 한다. 한편 평균수명만 보아도 현재 80,6세(남자 77.3세, 여자84세)로 8.15해방 당시 40세에 비해 곱절이나 높아진 것이다.

이렇게 수명이 길어진 데는 그동안 우리나라의 경제가 급속히 성장되고 따라서 사람들의 생활수준의 향상에 따른 의·식·주 생활의 개선과 의료 혜택이 절대적인 영향이 아닐 수 없다. 예로부터 사람들은 장수하기를 소원해 왔다. 삼천갑자 동방

삭, 진시황제의 불로초, 삼년고개 이야기 등도 다 장수를 바라는 데서 나온 이야기 아닌가. 그러나 수명이 길어지고 장수를 한다 해도 질병에 시달리지 않고 건강을 유지하며 살아야 장수의 의미가 있을 것이다. 9988234라는 말도 바로 무병장수를 원해서 나온 말이 아니겠는가.

장수의 조건으로는 여러 가지가 있겠지만, 무엇보다도 양질의 영양 섭취가 아닌가 한다. 우리가 섭취하는 영양소는 곧 우리의 몸을 만들고 생명을 유지하게 하고 성장을 돕고 몸을 움직이게 하는데 필요한 요소이다. 영양학자나 의사가 아닌 보통사람들도 학교에서 교과서를 통해 배운 생물학 지식만으로도 탄수화물, 단백질, 지방, 무기질, 비타민, 물 등 우리 인체에 필요한 6대영소가 있다는 정도는 누구나 알고 있을 것이다.

그래도 대부분의 사람들은 오래 살기 보다는 사는 날까지 질병 없이 건강하게 살기를 바란다. 의대 교수님들이 방송에 출연해서 하는 노인 건강에 관한 이야기를 듣다 보면 특히 노인들에게는 단백질, 칼슘, 비타민, 수분이 부족하기 쉬움으로 이 네 가지 영양소를 반드시 섭취해야 한다고 한다. 단백질은 우리 몸속에 세포를 구성하는 중요한 영양소이다. 머리카락, 손톱, 발톱, 피부, 심장 장기 등 우리 인체의 모든 부분이 단백질로 이뤄졌다. 그래서 단백질이 부족하면 근육량도 소실되고 면역력도 떨어질 뿐 아니라 심장 호흡기에도 영향을 미칠 수 있는 것이다. 그래서 늙으면 머리도 빠지고 살도 빠지고 주름이 생기지 않는가. 또 칼슘은 골격과 치아의 구성 성분이며 성장 발육에 도움을 준다. 노인이나 임산부는 뼈가 약해져 골다공증이 생기게 된다. 비타민 또한 미량의 원소로 그 자체는 에너지를 공급하지는 않고 몸을 구성하는 성분은 아니지만 비타민이 결핍되면 체내의 여러 가지 대사작용에 지장을 초래한다고 한다. 또 비타민은 단백질 지방 탄수화물이 에너지로 변할 때 효소 작용을 하는 인체내의 화학 공장의 역할을 하고 있다. 그리고 수분은 인체의 60~70%를 차지하고 있음으로 수분이 부족하면 생명을 잃게 된다. 수분은 우리 몸의 세포 형태를 원형으로 유지하게 하고 신진대사 작용을 한다. 그리고 혈액과 체액의 흐름을 원활하게 한다.

그러고 보니 사람이 늙게 되면 위에 든 네 가지 영양소의 결핍에서 오는 증세가 그대로 나타남을 볼 수가 있다. 결국 노화에서 오는 자연현상이겠지만, 이를 지연시키기 위해서라도 의학교수들이 권하는 단백질, 칼슘, 비타민, 수분은 꼭 섭취해야 할 것 같다. 이 글의 제목을 '단칼비수'라 했는데 흔히 알고 있는 단번에 쓰는 칼인 '단칼', 날이 날카로운 칼인 '비수'를 연상하겠지만, 이 네 가지 노인에게 필요한 영양소의 첫 글자를 따서 잇다보니 단·칼·비·수가 된 것이다. 외우기가 쉬워서 그렇게 붙여본 것일 뿐이다.

# 보릿고개와 망종

1년은 12개월을 3개월씩 나눠 계절을 나타낸다. 즉, 3·4·5월은 봄, 6·7·8월은 여름, 9·10·11월은 가을. 12·1·2월은 겨울이다. 그리고 15일 간격으로 24개의 절후가 있는데 이는 매 월 4~8일 사이, 19~24일 사이에 들어 있다. 그 24절후는 지구가 태양의 둘레를 도는 길(태양의 운행)인 '황도'를 따라 15°씩 돌때마다 기상과 동식물의 변화가 나타나 12개의 절후 명칭이 붙여진 것이다. 이 절후는 음력으로 착각을 하고 있는 사람도 있지만, 분명 양력에 해당한다.

어느 듯 금년도 6월에 접어들었으니 여름을 맞이한 것이다. 날씨로 보아서는 6월 초나 5월 하순은 별차가 없어 보인다. 지난날 전 국민의 7~80%가 농업을 주업으로 살던 시절에는 요때가 가장 바쁜 때였다. 절후로 본다면 5월 하순 소만(小滿)에서 6월 초순 망종(芒種) 사이다. 소만은 본격적으로 농사의 시작이고 망종은 씨를 뿌리는 때다. 망종의 '망'자는 한자로 '까그락 망'자이고 '종'자는 '종자 종'자이다. 즉, 망은 보리나 밀처럼 까끄라기가 있는 곡식을 말하는데 망종에 이르는 시기에 보리를 베고 그 자리에 볏모를 심는다는 뜻이다.

지난날 이 시기에 우리에게는 뼈저린 사연이 있었다. 벼농사를 지어서 가을에 거두어 겨우내 먹고 나면 봄부터 보리를 수확할 때까지는 쌀이 떨어져 절식을 하며 굶주려야 했다.

요즘 풍요로운 시대에 사는 어린아이들이 그 때 먹을 게 없어서 굶주렸다는 얘기를 들으면 '왜 라면이나 빵이라도 사다 먹지 않았냐?'고 한다지만, 그랬으면 오죽 좋았으랴. 부족한 농토에 대부분 천수답이었고 농사법도 원시 농법 그대로였으니 근본적으로 쌀 생산량이 적을 수밖에 없었다. 그런데다 요즘처럼 특용작물 재배나 축산의 부업으로 별도의 농가 소득도 없이 오직 벼와 보리농사에만 의존하고 살았으니 가난을 벗어날 수가 없었다.

이때 숙명처럼 따라 붙었던 말이 '보릿고개'였다. 보릿고개란, 봄철에 쌀이 떨어져 굶주리며 망종에 이르러 보리 수확이 될 때까지의 겨우겨우 허기를 견뎌가며 버티는 시기인 것이다. 이런 고난 속을 힘들게 넘어오던 보릿고개가 70년대 요원의 불길처럼 일어났던 새마을 운동을 통해 사라진 것이다. 이

보릿고개 고비에는 학교에 도시락을 못 싸오는 학생도 많았고 수업료도 납기 내에 못 내는 학생이 태반이었다. 걸식아동이라는 말도 이때 나왔고 중·고등학교에 진학을 못 하거나 중도 자퇴 학생도 많았다.

불과 3~40년 전까지만 해도 우리의 삶의 모습이 이랬다. 지금은 초등학교에서부터 중·고등학교에 이르기까지 전교생 급식이 이루어지고 중학교까지 의무교육이 시행되고 있지 않는가. 쌀이 남아돌아 해마다 수매하는 쌀이 정부 창고에 누적되는 상황이다. 보리밥도 없어 배불리 못 먹고 풀기 없는 원조쌀, 안남미 밥도 감지덕지하며 먹던 우리가 지금은 품질 좋은 쌀을 골라서 먹는 시대가 되었다. 밥을 고봉으로 담아 먹던 그 큰 사발은 어디가고 지금은 손아귀에 드는 작은 합에 담아 먹는다. 시커멓고 껄끄럽고 찰기도 없는 꽁보리밥, 그나마 배고파 먹던 보리밥, 지금은 그 보리밥 전문식당에 손님이 붐빈다. 한동안 안 먹어 잃어 버렸던 그 한 많은 보리밥에 향수를 느껴서일까? 나도 가끔 보리밥집에 가서 고추장을 듬뿍 넣고 비벼서 먹으며 옛 보릿고개 시절을 생각해 본다.

그리고 옛 우리 선조들은 '손'이 없다는 청명, 한식일에 선조의 묘소에 사초와 성묘를 하고 망종에는 제사를 지내왔다. 1956년, 6.25 전쟁 때 희생된 영령들을 추모하는 현충일을 제정할 당시 망종이 바로 제사를 지내는 6월 6일이라 이날이 현충일이 되었다는 데도 그 의미를 새겨 본다.

# 앙코르와트의 아리랑

지난해 말, 캄보디아 북부 '시엠립'시에 있는 세계7대 불가사의에 하나요, 세계문화 유산으로 유네스코에 등록된 '앙코르와트'를 다녀왔다. 우리나라는 한겨울 추위였는데 그곳에 도착하니 한여름 더운 날씨인데도 겨울철이라고 한다. 한낮에는 기온은 30도를 넘으며 저녁에는 20도로 떨어지는 일교차가 큰 날씨다. 그래도 우리는 더위를 느꼈는데 그곳 사람들은 저녁엔 한기를 느껴 점퍼나 긴팔 옷을 입고 있었다. 거기다가 년중 12월에서 5월까지는 우기라 연일 비가 내리며 5월에서 다시 12월까지는 건기라 비가 전혀 오지 않는다 한다. 내가 갔을 때는 마침 건기에 접어든 때였다.

앙코르와트 사원은 외곽으로 둘레 길이 62Km나 된다는 넓은 해자(호수)로 둘러싸여 있고 이 해자를 가로 질러 서쪽을 바라보며 서있는 앙코르와트의 정문으로 이어지는 다리가 있었다. 이 다리는 현무암을 기초로 하여 사암을 상판으로 덮고 뱀의 형상으로 된 난간이 있는 100여 미터의 넓은 다리였다. 다리를 건너면서 가까이 보이는 사원이 더 위엄이 있어 보였다. 3층 구조로 된 높이 63m의 중앙탑을 중심으로 5개의 원뿔형 탑은 그 웅장함과 아름다움에 놀랍고 신비감마저 들었다. 건축물 어느 한 곳도 목재는 한 군데도 없이 순전히 사각의 큼직한 사암으로 빈틈없이 쌓아 올린 축조물들이다. 그리고 1층 회랑 벽면에는 앙코르 왕조의 갖가지 이야기가 담긴 부조가 있는데 최고의 예술성을 보여 주고 있었다. 일일이 다 표현은 할 수 없어 유감이지만, 12세기 초에 상상을 초월할 만큼 어떻게 이다지도 정교하게 쌓았나 싶어 탄성이 절로 나왔다. 앙코르와트를 필두로 또 다른 사원으로 가는 길목에 이곳 특유의 악기를 연주하며 우리의 민요 아리랑을 부르는 6~7명 정도의 거리의 악사들을 보았다. 그런데 왜 다른 외국인 관광객도 많이 지나가는데 어떻게 알고 우리 한국인을 환영하며 아리랑을 연주하는 것일까? 그것은 한국인이 잘생겼으며 한국인을 유독 좋아하기 때문이라 한다.

그 시절 동남아 일대를 지배했던 크메르 대제국의 앙코르 왕조가 건립한 이 사원들은 왕은 사후 곧 신이 된다는 믿음이 있었기에 역대 왕들이 신을 위한 사원을 지었다 한다. 이렇게 번성했던 대 제국이 이웃 태국, 월남에게 침략을 당해 수백 년이나 지배를 받는 동안, 화려했던 사원들은 밀림 속에 파묻혀 숨겨진 채 존재조차 잊혀진 상태였다 한다. 그런데 1868년 프랑스의 식물학자 '앙리 모오'가 정글 탐험중 이 밀림 속에 왕궁이 있다는 전설을 듣고 본격적으로 탐사하는 중에 이 신비스런 사원을 발견했다는 것이다.

이런 찬란한 문화를 창조한 고대 크메르인 후손들의 지금의 모습은 어떤가. 가는 데마다 남루한 어린 아이들, 젖먹이를 안은 부녀자들이 관광객을 따라다니며 구걸을 한다. 또 아시아에서 1위, 세계에서 3위로 크다는 자연 호수인 '톤레삽'의 맹그로브 나무 숲 속에 사는 수상촌 사람들은 관광객이 타고 가는 배에서 던져 주는 라면 봉지를 그들의 작은 쪽배를 타고 나와 배 위에 서서 아슬아슬하게 받는 모습이 애처로워 보였다. 마치 우리가 6.25때 미군이 던져 주는 초코렛, 추잉검을 따라 다니며 받아먹던 모습이 연상되었다.

공무원들은 또 어떤가. 입국 비자도 공항에서 입국 시 직접 발부하여 20달러씩 받으며 입국 심사 과정에서도 1달러씩을 받아 냈다. 우리도 한때 급행료라는 게 있었듯이 말이다. 이런 모습을 보면서 지금의 우리 대한민국은 선진문화부국이 되었구나하는 자부심이 들었다. 앙코르사원 관람 중에 거리의 악사들이 우리 아리랑을 연주하는 것도 그만큼 우리의 국력을 높이 평가해서가 아니겠는가. 더욱이 앙코르와트로 가는 포장 도로를 우리나라가 건설했다 한다. '대한민국이 건설한 우호의 도로'라고 새겨진 표지석이 더욱 자랑스러웠다.

# 골덴텍스와 보스턴백

지난여름, 문우들과 함께 1박 2일 일정으로 단양에 가서 그곳의 아름다운 풍광을 돌아보며 잠시나마 더위를 식히고 돌아왔다. 오래간 만에 단양에서 하룻밤을 지내다 보니 50여 년 전 직장 동료들과 버스를 대절하여 3박 4일 일정으로 설악으로부터 동해안을 돌아 소백산맥을 넘어 마지막 날 저녁을 단양에서 잤던 기억이 떠올랐다.

그 당시는 지금의 충주호가 생기기 전이라 지금의 구단양이라는 곳이 단양이었다. 명색이 군청 소재지였기는 했으나 도시다운 면모는 없었다. 여관을 정하고 방 크기에 따라 인원 배치를 하고 여관에서 차려 주는 저녁식사를 했다. 식사를 마치고는 각자 취향 따라 화투꾼들은 방에서 화투판을 벌이고, 바둑꾼들은 바둑판을 벌이고, 술꾼들은 술집 찾아 거리로 나섰다. 주인은 우리 일행에게 당부하기를 잘 때는 방문을 안으로 잠글 것과 밖에 나갔다 들어올 때는 맨 늦게 들어오는 사람이 대문을 잠그라고 했다. 이날은 우리 일행밖에 투숙한 팀이 없었다.

그런데 실상 누가 언제 들고 나는지 같은 일행 속에서도 행동 통일이 쉽지 않았다. 화투 방에서는 군것질 사러 드나들었고 술꾼들도 한 패가 아니다 보니 1차 마치고 들어오는 패, 2~3차 다니며 자정을 넘겨 들어오는 패, 또 들어 왔다가 다시 나가는 패, 정말 제멋대로였다.

이런 밤을 보낸 다음날 아침, 이 방 저 방에서 "내 옷 없어졌어!, 내 가방 없어졌어!" 소리가 터져 나오면서 고요했던 여관집에 한바탕 소동이 벌어졌다. 팬티 바람으로 방문 앞 툇마루로 뛰쳐나온 모습들이 가관이었다. 마침 일행 중에 여직원이 한 사람도 없었기에 망정이지 여성 직원이 있었으면 어쩔 뻔했을까? 방문을 제대로 잠그지 않은 방에 밤손님이 다녀간 것이다. 주로 술꾼들의 방이었다. 여름철이라 막바지나 반바지에 셔츠 차림이었는데 옷 자체야 무슨 값이 나가겠냐만, 주머니에 든 지갑 속에 돈이나 가방 속에 넣어둔 돈 될 만한 물품 등을 노린 것이다.

여관 주인의 신고로 순경이 왔다. 순경은 도난 맞은 방을 점검하고 상황을 청취한 후 도난당한 사람 중심으로 도난당한 돈과 물품의 종류, 가격 등을 물어 기록했다. 그러는 중에 여관집 종업원 남자가 옷가지와 가방을 한 아름 안고 들어왔다. 확인해 보니 우리 일행의 물품이었다. 밤손님은 방안에 들어가서 옷과 가방을 들고 나가 여관 담장 넘어 인적 없는 후미진 곳에 가서 돈만 챙겨 달아난 것이다.

순경은 각자 자기 것을 찾아 가도록 하고 좀 전에 신고한 내용대로 확인을 했다. 돈은 없어졌으니 신고한 대로 인정할 수밖에 없겠지만, 옷이나 가방 같은 것은 바로 확인이 가능했다. 그런데 여기서 검은 속이 드러난 사람이 생겨 망신스러웠다. 찾아 입은 옷은 분명 막바지인데 신고하기는 골덴텍스 신사복 새 바지였다. 또 한 사람은 본래 들고 온 가방은 목수들이 연장 넣고 다니는 미군용 가방인데 외제 보스턴백이라고 신고했다. 건망증이 발동한 것은 분명 아니었거늘…, 다 아는 거짓말이라 둘러서서 지켜보고 있던 일행들은 일제히 폭소를 터트렸다. 긴장한 얼굴로 확인하던 순경은 무슨 영문이지 알 리가 없었다.

그건 그렇고 도난당한 돈은 어떻게 배상을 받아야 하느냐다. 주인이 배상해야 한다는 주장, 주인은 문단속 할 것을 주의를 했는데도 일행이 지키지 않았다는 항변, 뚜렷한 답을 찾지 못했다. 결국 일행 중 원로 몇 분이 제안했다. “이제 집으로 가는 일만 남았으니 돈 쓸 일도 별로 없을 것이고 가지고 온

돈 다 쓴 셈 치고 없었던 일로 합시다. 꼭 쓰실 분이 있으면 서무과장한테 필요한 만큼 차용하시고요" 라고 하니 잠시 침묵이 흐르다가 자연스럽게 일제히 박수가 터져 나왔다. 이것으로서 도난 소동은 끝난 것이다.

씁쓸한 마음을 가라앉히고 아침 밥상을 받았다. 주인이 미안해서인지 푸짐하게 차려 내왔다. 특별히 해장술도 내와서 쓰린 속을 풀었다. 떠날 때는 푸짐한 안주에 약주도 세 병이나 담아 주었다.

여행 후 직장 내에서는 한동안 '골덴텍스', '보스턴백'이라는 유행어가 나돌았다. 나는 그때 이후 지금도 여행가서 자게 되면 지갑을 베개 밑에 깔고 자는 습관이 생겼다.

# 스승의 날

스승의 은혜는 하늘 같아서
우러러 볼수록 높아만 지네.
참되거라, 바르거라, 가르쳐 주신
스승은 마음의 어버이시다
아아, 고마워라 스승의 사랑,
아아, 보답하리 스승의 은혜

이 노래는 강소천 작사, 권길상 작곡의 '스승의 은혜'란 제목의 스승의 날 노래이기도 하다. 스승은 은혜요, 사랑이요, 어버이심을 가슴 속에 새기며 그 은혜에 보답하고자 하는 제자의 마음을 나타낸 노래다.

5월 15일은 스승의 날이다. 특히 5월 15일은 우리 민족의 위대한 스승이신 세종대왕의 탄신일이기에 더욱 의미를 갖게 한다. 이 시대에 사는 사람으로서 스승이 없는 사람이 누가 있겠는가. 스승의 날을 맞이해서 누구나 한번 쯤 지나간 날의 특별히 기억에 남는 선생님을 떠올리며 옛 학창 시절을 회상해 볼 것이다.

철없던 어린 시절, 선생님한테 꾸지람 듣던 일, 두 손 높이 들고 벌섰던 일, 때로는 공부 잘했다고 칭찬받던 일 등, 갖가지 추억이 떠오른다. 지금 다시 그 시절로 돌아간다면 적어도 벌 받을 일은 하지 않았을 것 같은 생각이 들기도 한다. 선생님 하면 무조건 믿고 존경스러움의 대상으로 늘 마음속에 남는다. 그래서 매년 이날이면 스승에 대한 감사와 존경심을 되새기고 스승의 은혜를 기리고자 나라에서, 각 학교에서, 사회단체에서 여러 가지 행사를 하며 뜻 깊은 날로 보내는 것이 아닌가.

나는 어린 초등학교 시절, 마을 공지에 임시로 천막을 둘러친 가설극장에서 변사가 구성지게 해설하는, '검사와 여선생'이라는 무성영화를 눈물을 흘려가며 본 기억이 난다.

가난했던 불쌍한 고학생 제자를 자신의 도시락을 주고 친자식처럼 보살펴 주며 용기를 주었기에 제자는 성공해서 검사가 되었다. 그리고 여선생은 결혼해서 사는 동안 어느 딱한 탈옥수를 숨겨 주었다가 남편이 이를 의심한 나머지 칼을 들고 부인을 죽이려다 오히려 실수로 자신이 죽었다. 부인은 어쩔 수 없이 살인죄로 법정에 서게 되었는데 이 사건 담당 검사가 바로 옛날 극진한 사랑과 도움을 받았던 제자였다. 검사는 피고

가 바로 그 여선생님임을 알고 선생님의 무죄를 위해 애를 써서 결국 여선생님을 무죄로 석방되게 함으로써 어린 시절 선생님께 받은 은혜를 갚는다는 감동적인 영화였다.

비록 신파극 각본의 영화였지만, 선생님의 은혜와 사랑이 훗날 제자의 아름다운 보은으로 맺어지는 진한 감동이 지금까지도 모든 사람에게 심금을 울리는 작품으로 기억되고 있지 않은가.

스승은 제자들에게 참되거라, 바르거라 라고 가르치기에 세상에 누구보다도 고결한 인품과 자애로움이 있어야 한다. 그런데 요즘 불거진 갖가지 교육계의 비리와 부정 사건들을 볼 때 어디 스승이라고 감히 얼굴을 들 수 있겠는가.

제자들로부터, 학부모들로부터 여러 사회단체로부터 선물이나 식사 초대를 받는 행사의 스승의 날 보다는 심금을 울리는 감동이 있는 스승의 날이 되기를….

# 오는 순서 가는 순서

누구나 이 세상에 올 때는 끼어들기 없이 순서대로 질서 있게 온다. 그래서 노년, 장년, 청년, 유년의 연령별 계층이 마치 한 사슬로 이어지듯 무리 없이 순리대로 이 세상을 지켜가며 살아간다. 그런 가운데에도 이 세상을 떠나갈 때는 대열을 이탈하여 순서 없이 가고 만다. 그래서 세상에 올 때는 선후배가 있어도 갈 때는 선후배가 없다는 말이 나온 것 같다. 즉 오는 순서는 있어도 가는 순서는 없다는 것이다.

같은 또래들이 오래전부터 친목회를 만들어 날짜를 정해 놓고 월 1회씩 만나 회식을 하고 때로는 관광 여행도 하며 돈독히 지내오던 친구들도 어느새 하나 둘 떠나곤 한다. 멀쩡하게 건강한 몸으로 잘 살아오던 사람이 사소한 질환으로 병원에 갔다가 말기 암의 선언을 받고 이내 떠나버리는 경우도 본다.

또 바로 전 날 저녁에 회식 모임을 갖고 아무 탈 없이 즐겁게 헤어졌는데 새벽에 목욕탕에 갔다가 허망하게 숨진 친구도 있다. 그 밖에도 생각지도 않게 어느 순간 사고사로 아까운 나이에 앞서 가는 사람도 있다. 그런가하면 8순, 9순이 넘도록 건강하게 장수하는 사람도 있다.

죽고 사는 것은 타고난 팔자라고도 하지만 사는 동안 몸 관리 여하에도 있는 것 같다. 아무튼 사람은 누구나 천수를 다하며 건강하게 살다가 편안히 가기를 바란다. 그러나 그것은 희망사항일 뿐 뜻대로 되는 것도 아니기에 노령기에 든 사람들은 늘 그게 고민이다.

늙어 병들어 수족 못 쓰고 자리보전하고 누워 대소변을 받아 내야 한다던가, 치매가 와서 이성 잃은 행동을 한다던가, 이렇게 되었을 때 무엇보다도 가족들에게 고통을 줄 일이 걱정인 것이다.

요즘 '존엄사', '간접안락사'에 대한 문제가 이슈화되고 있다. 반대도 있고 찬성도 있다. 양쪽 다 맞는 주장이다. 그러나 나는 찬성의 입장이다. 살 만큼 산 사람이 장기간 식물인간으로 병석에 누워 수액으로 영양 공급을 받고 산소 호흡기로 호흡을 하며 오직 생명만을 기약 없이 이어 간다는 것이 오히려 더 잔인스런 일이 아닌가. 유가족들과 의료진 간의 의학적인 판단으로 합의 아래 편안하게 갈 수 있게 하는 것이 환자를 위한 도리가 아니겠는가.

이 세상에 올 때의 순서는 있어도 갈 때의 순서는 없다고 했다. 기왕에 갈 수밖에 없는 처지에서 마지막 가는 길을 존귀하고 엄숙하게 맞이하고 싶다는 자신의 의지를 왜 아무런 대책도 없이 막으려만 하는가?

# 고향 무정

만약 앞서 가신 선조님들께서 요즘 환생하셔서 그 분들이 생전에 살으셨던 농촌 마을 고향에 와 보신다면 어떤 느낌이셨을까? 또 어떤 표정을 지으실까? 그리고 제일성으로 무슨 말씀을 하실까? 하는 생각을 해 본다.

아마도 어리둥절한 표정으로 "여기가 어딘가? 내가 살던 곳이 맞나? 야! 천지가 개벽했구나!" 라고 했을 것 같다. 사립문, 움막집, 초가집, 우마차, 지게, 쟁기, 짚가리, 외양간 등은 다 간 곳 없고 성벽 같은 아파트에 시멘트나 아스팔트로 바뀐 마을 앞길과 농로에는 경운기와 이앙기, 트럭이 누비고 다니고 있으니 말이다. 농촌뿐이랴, 읍내만 나가 봐도 그 옛날의 서울 구경이나 간 것 같은 착각을 하셨을 것이다.

지금부터 약 70년 전 6.25전쟁으로 폐허가 되다시피 했던 시절, 1인당 국민소득 6불의 세계에서 가장 빈곤했던 이 나라였다. 그러나 오늘날 경제 규모가 세계 10위권에 들었고 국민소득이 3만불에 이른 풍요로운 나라가 되었음은 자타가 다 인정하는 바다. 지금도 끊임없는 개발, 재개발을 통해 산하와 문전옥답이 공업단지로, 현대화된 신도시로 탈바꿈되어가고 있으며 철도와 도로는 전국을 1일 생활권으로 묶어놓았다.

국토환경만 이렇게 변했는가? 사람들의 생활환경이나 삶의 질도 엄청나게 발전, 변화한 것이다. 지난날 솜바지 저고리에 짚신, 보리밥에 김치, 군불을 때는 온돌의 초가집, 이랬던 우리의 의식주 생활은 이제 남의 나라 얘기처럼 들린다.

지금은 예서 또 한 단계 높여 사람들의 신체와 용모도 수술을 통해 새 모습으로 변해가고 있는 것이다. 배고팠던 시절 대머리지고 얼굴이 벌질 번질 기름이 돌고 배가 불뚝 나온 D라인의 중장년 사장들의 모습을 보고 모두들 흠모하지 않았던가? 그런데 지금은 정 반대가 되었다. 풍만한 몸매는 천시 당할 정도이고 S라인이요, V라인이요 해서 마르고 강파른 몸매와 용모를 알아주고 그것이 미인의 기준이 되었다. 이목구비도 수술을 통해서 끊임없이 바뀌가고 있다. 이것도 결국은 개발이 아닌가.

요즘은 새 신랑 신부가 될 사람들이 예식장에 나오시는 양가 부모님들을 좀 더 젊게 보이게 해 드리기 위해서 예비 장모님, 시모님 얼굴 성형 수술 비용을 예단 속에 포함시켜 보낸다는 얘기를 어느 TV프로에서 보았다.

'신체발부 수지부모 불감훼상 효지시야(身體髮膚 受之父母 不敢毁傷 孝之始也)', 증자(曾子)가 가르친 이 부모에 대한 효도의 길도 이젠 개발과 발전의 거센 물결 속에 다 묻혀져 버렸다.

오기택의 '고향무정'이란 노래 끝 구절에 '산골짝엔 물이 마르고 기름진 문전옥답 잡초에 묻혀 있네'라는 가사가 떠오른다. 그러나 이젠 '잡초에 묻혀 있네'를 '아파트에 묻혀 있네'로 바꿔 불러야 할 것 같다.

# 글씨 시대는 가고

옛 여학생 제자 몇 사람과 회식 자리를 가진 적이 있었다. 벌써 50을 바라보는 나이들이다. 그러나 사제 간이란 세월이 아무리 흘러도 만나면 지난날 스승과 제자 사이로 돌아간다. 나는 그들의 어린 시절의 특징을, 그들은 나의 옛날 스승의 모습을 떠올리며 그 시절로 돌아가 여러 가지 추억에 젖어든다. 이 시간만은 세상에서 찌든 모든 앙금들이 말끔히 씻어지는 것이다.

한참 지난 시절의 이런저런 추억담이 오가던 중 한 제자가 말하기를, "선생님, 저는 아직도 선생님께서 수업하시면서 예쁘게 쓰시던 칠판 글씨를 잊을 수가 없어요."라고 했다. 그러자 옆에 있던 또 다른 제자가 "선생님께서는 학생들을 향해 설명을 해 가시면서 한 손으로는 분필을 쥐고 교재도, 칠판도 보시지 않고 비스듬히 서서 욧점을 간결하게 써 가시는 데도 줄도 안 삐뚤어지고 예쁘게 쓰셨어요. 정말 환상이었어요." 이 말을 들으면서 나는 내심 싫지는 않았으나 한편, 나한테 대한 추억이 겨우 칠판 글씨 잘 쓰는 것 밖에 없었는가 하는 점에는 좀 서운한 감도 들었다.

하긴 옛날 선생님들이나 관공서에 계신 분들은 글씨를 대부분 다 잘 썼다. 그 당시는 요즘처럼 발달된 사무기기가 없었기에 모든 문서는 일일이 손으로 써야 했다. 그래서 글씨를 잘 쓰는 사람이 채용에도 유리했다. 채용 시 이력서를 제출하는 데도 반드시 자필로 쓰라는 단서가 붙었는데 이는 글씨를 보고자 함이 아니었던가. 군에 입대해서 훈련을 마치고 부대를 배치 받아 가면 신상명세서를 써서 제출하는데 필적이 좋은 사람은 즉석에서 본부 중대 행정병으로 뽑혔다. 지금도 지난날의 호적등본이나 초본을 보면 호적계의 말석 서기들의 글씨이거늘 한자(漢字)인데도 불구하고 정말 잘 썼음을 새삼 실감한다.

요즘은 이런 글씨를 볼 수도 없거니와 그렇게 쓰는 사람도 없을 것 같다. 이름 세 자만 한자로 괄호 안에 써넣고 나머지는 전부 한글이다. 그나마 손으로 쓴 글씨는 하나도 없고 어쩌다 손으로 쓴 한글 체를 보아도 아름다운 한글 필기체의 모습은 찾아볼 수 없고 잘 알아볼 수도 없게 썼다.

지금은 컴퓨터가 생활 도구화되어 컴퓨터에 워드프로세서와 복사기가 과거 손으로 하던 일을 다 할 수 있다. 컴퓨터의 자판기만 치면 빠르고 정확하고 편리하게 모든 문서가 의도대로 잘 작성되니 어찌 매혹되지 않으랴. 나부터도 얼마 전까지만 해도 200자 원고지에 원고를 손으로 써서 우편으로 보내던 것을, 지금은 컴퓨터 자판기에 쳐서 파일에 담아 이메일로 보내니 얼마나 편리한가.

이러다 보니 펜을 들고 종이에 쓰기보다는 컴퓨터 자판기를 치는데 더 익숙해지고 또 그렇게 해야 잡지사하고도 서로 원고를 주고받는데 원활해지니 이젠 200자 원고지도 만년필도 다 쓸모가 없게 되었다. 원고도 거의 다 한글로 작성하다 보니 어쩌다 한자로 표기해야할 단어가 있어도 글자는 떠오르는데 막상 쓸려면 자획을 맞게 쓸 수가 없다. 보기만 하고 자주 쓰지 않다 보니 내 손길에서 떨어져 나간 모양이다.

프랑스의 유전학자 라마르크(1774~1829)의 '용불용설(用不用說)' 에 의하면, "동물의 기관 중에 잘 쓰는 부분은 발달하고 잘 쓰지 않은 부분은 퇴화해 버린다."라고 했다. 더욱이 그 변화는 유전하고 세대를 겹침에 점차로 현저하게 된다는 것이다. 하나의 학설이지만, 맞는 것도 같다.

요즘 학교에서도 노트와 연필 대신 컴퓨터 자판기가 자리를 잡아가고 있다. 선생님도 판서하지 않고 판서 내용을 자판기에 쳐서 모니터에 뜨게 한다. 시험 답안지도 직접 써서 작성하지 않고 답지 카드 정답 번호에 연필로 표기만 하면 된다. 이처럼 손으로 쓰는 글씨는 점점 사라져 가고 있는 실정이다. 그렇다고 별도로 글씨쓰기 교육이 이뤄지지도 않고 있다. 구태여 글씨를 쓸 필요가 없다 보니 글씨를 쓴다는 것은 시간 낭비일 뿐이다.

학생들도 그렇거늘 성인들도 좀처럼 글씨 쓸 기회가 없다. 일반 사회에서 통용되는 각종 서류들도 손으로 쓴 것은 찾아볼 수가 없다. 편지도 편지지에 직접 써서 보내는 게 아니라 컴퓨터 전자우편으로 보낸다. 이렇게 가다 보면 옛날 붓글씨가 서예작품으로서 그 예술성을 인정받듯이 손글씨도 일상생활 속에서 사무 기능이나 기록하는 용도에서 벗어나 하나의 예술작품으로서 평가를 받는 시대가 올는지도 모를 일이다.

그래도 글씨는 아무리 컴퓨터 만능시대라 할지라도 일상생활 속에서 영영 사라지게 할 수는 없다. 달필은 아니더라도 남이 못 알아 볼 정도의 글씨를 써서야 되겠는가.

4부

# 신호등

# 마스크와 인사

요즘 길을 나서 보면 마스크를 쓰지 않은 사람을 거의 볼 수 없다. 남녀노소 가릴 것 없이 모두들 눈만 겨우 내 놓고 얼굴 전체가 마스크로 가려져 있다. 그러다 보니 얼른 보아서는 누가 누구인지 분간할 수 없을 정도다. 그런 중에도 평소에 자주 만나고 친하게 지내던 사람은 눈에 익혀져서인지 눈빛과 몸매나 걸음걸이를 보고 어렴풋하게나마 인지한다. 그러기에 자신있게 반갑게 인사를 했는데도 상대편에서 별 반응이 없어 서로 마스크를 벗고 보면 전혀 모르는 사람이어서 계면쩍어 한 경우도 있었다.

어디서나 아는 사람을 만나면 원수지간이나 평소 사이가 좋지 않은 보기 싫은 사람이 아닌 다음에야 어떤 형태의 인사든 인사를 하게 된다. 이때 보통 허리 굽혀 하거나 좀 가깝거나 오래간만에 만나는 경우에는 약속이나 한 듯이 동시에 서로 손을 내밀며 악수를 한다. 그런데 요즘은 어떤가? 악수하는 인사가 거의 사라졌고 서로 주먹을 내밀며 주먹끼리 마주 대는 희한한 인사를 하는 것이다. 악수(握手)가 손바닥을 맞잡는 인사라면 요즘처럼 주먹을 마주 대는 인사는 뭐라고 해야 할까? 굳이 악수처럼 한자 의미로 붙여 본다면 주먹을 마주 댄다 해서 닿을 촉(觸), 주먹 권(拳)자를 합쳐 촉권(觸拳)이라 하면 어떨는지? 코로나 때문에 지금까지 경험해 보지 못한 희한한 경험을 하다 보니 웃자고 해서 부질없이 해본 말이다.

인사는 악수나 포옹 같은 신체적 인사와 함께 말로의 인사를 한다. 그러나 코로나 감염을 막기 위해 마스크를 썼으니 선뜻 마스크를 벗고 인사하기를 서로 꺼려한다. 인사말로 시작해서 이런 저런 대화를 하다보면 입에서 비말이 튀어나오니 불편해도 마스크를 쓴 채 말을 하다 보면 언어 전달이 선명하게 되지 않는 경우도 있다. 특히 청력이 좀 약한 노인들에게는 몇 번이고 소리를 높여서 말을 전해야 하는 불편을 겪는다. 이래저래 마스크착용은 우리 일상생활에서 불편을 주고 있다.

그동안 방역 당국으로부터 코로나에 대한 확진자의 당일 발생 수와 누적자 수 그리고 사망자 수가 발표되고 있으며 함께 방역 수칙을 연일 홍보하고 있다. 이 때문에 코로나의 감염을 피하고자 하는 의지로, 이제는 모든 사람들이 불편을 느끼면서도 그런대로 적응을 잘 해가고 있다. 어디 나갔다가도 깜박 잊고 마스크를 착용하지 않았음을 확인했을 때는 나 자신이 다른 사람에게 대해 미안한 감을 느끼게 된다. 이런 경우 집이 가까이 있을 때는 얼른 집에 가서 마스크를 쓰고 나오지만 그렇지 못할 경우에는 가까운 약국이나 마트에 가서 사서 쓰기도 한다. 가끔씩 버스 안에서나 전철 안에서 마스크를 안 쓴 승객과 운전기사 또는 일반 승객들 사이에 불미스런 폭언이나 폭행이 일어나는 경우도 있지만, 이는 백번 마스크를 쓰지 않은 사람의 잘못이다.

코로나를 완전 퇴치할 때까지는 서로를 위해 마스크 착용을 생활화하는 길 밖에 없을 것 같다.

# 첫손자를 보면서

늦둥이 아들을, 그것도 외동아들을 낳고 온 세상 혼자 만난 것처럼 기뻐했던 때가 엊그제 같은데 그 아들이 무탈하게 커서 서른 세 살 되어 결혼을 할 때 또 한 번 행복감에 젖었었다. 그리고 그 속에서 손자가 태어났으니 이 때는 지금까지 느껴보지 못했던 또 다른 기쁨과 행복감 속에 젖어들었다. 내 나이 이미 산수(傘壽)를 지났거늘 그래서 그 손자가 더 귀엽고 금쪽 같은 소중함이 아니겠는가. 지금까지는 아버지로 살아오다가 이제부터는 할아버지가 되었으니 새로운 내 인생을 사는 느낌이다.

이 손자 녀석이 백일이 되다 보니 사람을 쳐다보고 웃기도 하고 무어라고 소리도 내며 불만스럽거나 배가 고프면 있는 대로 소리 내어 울기도 한다. 깨어 있을 때에는 눕혀 놓아도 안고 있어도 팔다리를 계속해서 움직이며 제 나름대로 운동을 한다. 볼도 팔다리도 통통하고 눈도 또렷하게 뜨며 주변에 움직이는 것들을 따라 주시한다. 이렇듯 갓 낳을 때보다는 제법 아기 티가 나서 너무 예쁘고 귀여운 모습이다. 웃을 땐 웃을 때대로 울 땐 울 때대로 그저 귀엽기만 한 것이다. 이 녀석이 돌이 가까워지면서 제가 혼자 뒤집기도 하며 하루하루 지나면서 군인들 포복하듯 배로 밀치며 앞으로 나가기도 하더니 어느 샌가 일어서 비틀거리며 한 발짝씩 떼기도 했다. 그러다가 드디어 돌이 지나면서는 양팔을 들고 중심을 잡아가며 비틀거리면서도 뛰기 시작했다. 그러면서 저만이 아는 발음으로 무언가 의사표시도 하려 하고 달려와서 안기기도 했다.

이 손주 녀석의 하나하나의 행동을 보면서 그 귀엽고 대견스런 모습에 흠뻑 빠져 시간가는 줄을 모른다. 현재는 따로 살지만 일요일이고 공휴일이거나 집안 행사가 있을 때 오면 그 사이 더 또렷해진 얼굴 모습이며 활발해진 행동에 또 다른 느낌을 받는다. 거실이고 침실이고 주방이고 뛰어다니며 손이 닿는 데에 있는 물건들은 모두 잡아당겨 쓰러트리고 열리는 싱크대 문이며 서랍문 등 모두 열어 손닿는 대로 끄집어낸다. 일일 쫓아다니며 위험성이 있는 것은 치우기도 하고 떼어 말기기도 하지만 어느 샌가 또 달려가 여전히 저 하고 싶은대로 하는 것이다. 그런데도 그 모습이 왜 그리 밉지 않고 귀엽기만

한지….

그렇지만 따로 떨어져 살면서 가끔씩 보아서 낯이 설어서인지 처음 할머니 할아버지를 볼 때는 울음을 터트리며 제 아비 어미에게 가서 안기곤 한다. 그러다가도 좀 지나면 언제 그랬냐는 듯이 웃고 달려들고 안기고 하는 모습이 너무도 정겹고 귀엽다. 이것이 핏줄의 그 오묘한 정이 아닌가 한다. 요즘엔 벌써 한 15개월이 지나다 보니 간난쟁이 티가 많이 벗겨지고 어쩌다 보아도 전처럼 낯설어 울고 외면하려들지도 않는다. 그러나 아직은 할머니 할아버지라는 개념은 있어 보이는 것 같지는 않으나 같이 놀아 주어도 거부하지 않고 잘 따르곤 한다. 집안에서도, 어디를 데리고 나갔을 때도 좀처럼 걷는 법이 없고 정신없이 이리 저리 마구 뛰어서 일일이 따라다니며 위험성 있는 데는 붙잡아야 한다.

자주는 아니지만 이렇게 손주 녀석과 하루를 보내는 날은 한없는 행복감에 젖어든다. 제 아비가 어렸을 적에는 그 때만 해도 출근하고 저녁 늦게 돌아오다 보니 자주 놀아 주지도 못했을 뿐더러 지금 손주 녀석 대하는 느낌을 갖지 못했던 것 같다. 흔히들 손주를 보았을 때가 더 살뜰한 정 느끼고 한없이 귀엽고 사랑스러운 마음이 넘쳐난다는 말이 실감이 난다. 나 역시 집안에 장증손자로 태어나서 아버지나 엄마 그리고 할아버지 할머니를 제치고 증조할아버지 할머니 품에서 한껏 사랑을 독차지하며 컸던 기억을 되새겨 본다. 지금은 옛날 대가족 시대처럼 몇 대가 함께 살 수 없는 사회 구조가 되어 귀여운 손주와 늘 마주 보며 살지 못하는 게 아쉬울 뿐이다. 그래도 며느리가 스마트 폰으로 자주 보내 주는 손주 녀석의 동영상 사진을 반갑게 받아 보면서 늙어가는 우리 두 늙은이의 얼굴에 웃음과 행복감을 불러다 준다. 어서 날이 가서 손주 녀석 손잡고 다니며 장난감도 사주고 맛있는 과자도 사줄 날이 오기를 고대하며 심심하면 스마트폰을 켜고 그 귀여운 모습을 보고 또 보곤 한다.

# 수능과 어머니들의 기도

11월은 대학입학 수학능력 시험이 있는 달이다. 해마다 이맘때가 되면 수험생을 둔 어머니들의 마음은 수험생보다도 더 애를 태운다. 불도들은 사찰에서, 기독교도들은 성당이나 교회에서 연일 철야 기도를 올리며 정성을 다한다. 이런 모습들이 취재 대상이 되어 시험 날짜가 다가오면 TV화면에는 애타게 염원하며 기도하는 어머니들의 모습이 비쳐진다.

자식들이 잘되는 일이라면 무엇이든지 감내하는 우리나라 어머니들의 강한 모성애를 세계 어느 나라 어머니들이 따라오랴. 모두가 다 맹자의 어머니요, 한석봉의 어머니가 된 듯하다. 그런데 이상한 것은 이런 현상은 왜 어머니 쪽에서만 더 강하게 일어나는 것일까? 동물의 세계에서 보면 수사자가 제 어린 새끼를 물어 죽이려는 것을 암사자가 이를 저지하고자 악착같이 달려들어 처절한 싸움을 벌이면서까지 새끼를 보호하는 모습을 본다. 이런 속성으로 보아 사람에게도 부성애보다는 모성애가 더 강하게 나타남이 아닐까?

지금은 특수 목적 고등학교나 지방의 비평준화 지역을 제외하고는 평준화 시책에 의해 거의 무시험 추첨 배정으로 중·고등학교를 입학한다. 그러나 한 때 중·고등학교에서도 입학 시험을 치른 시절이 있었다. 일류 학교일수록 경쟁률이 높아 불합격자가 많이 발생했다. 이때에도 어머니들의 자식 합격을 위한 정성과 염원은 여러 가지 형태로 나타났다. 경쟁률이 높은 학교의 교문 기둥이나 철문에는 갱엿을 녹여 철석같이 붙여 놓기도 하고 교문 앞에, 돼지 머리와 북어를 상에 받쳐 놓고 고사를 드리는 진풍경이 벌어지곤 했다.

수능 고사장에서는 수험생들이 정해진 시간 내에 다 입실하고 나면 고사장 학교의 교문은 굳게 잠기고 외부인 출입이 통제된다. 이럼에도 불구하고 시험이 모두 끝나는 오후 6시까지 교문 밖에서 서성이며 초조한 마음으로 시험이 끝나기를 기다리고 있는 어머니들이 많다. 이 시간만큼은 추위도, 배고픔도, 피곤함도 다 잊은 채 오직 자식이 시험을 잘 치르기만을 빌고 또 빌며 간절히 기도를 할 뿐이다.

그런데 이 모든 어머니들의 기도는 내 자식만을 위한 기도이지 남의 자식을 위한 기도는 아닐 것이다. 좀 역설적이지만 내 자식만 좋은 성적을 받아 대학에 합격을 한다면 필연적으로 남의 집 자식은 떨어져야 할 텐데 그렇다면 이 어머니들의 기도는 남을 떨어지게 하기 위한 기도가 될 수도 있지 않겠는가? 참 아이러니한 일이다.

이럴 때 부처님과 예수님은 이 많은 어머니 개개인의 기도를 어떻게 다 들어 주실 것인가? 그러나 결과는 정해진 숫자대로 합격, 불합격이 결정된다. 불합격된 어머니의 그 간절했던 기도도 지나고 보면 다 허사였음을 느끼게 될 것이다. 이것이 모든 어머니들의 기도에 대한 응답임을 진실로 깨닫기를 바란다.

지금도 학교 성적, 수능 성적이 부진함을 비관해서 스스로 목숨을 끊는 젊은이들이 생겨난다. “부모님 죄송해요, 사랑해요”라고 유서도 남긴다. 그렇게도 간절했던 어머니들의 기도가 “죄송해요, 사랑해요”라고 메아리 되어 오지 않는 세상이 언제나 오게 될는지…….

반드시 대학을, 그리고 일류 대학만을 바라는 어머니들의 기도, 이제는 그만 멈추고 이렇게 다정스런 말로 격려를 해주면 어떨까?

“아들아, 딸아, 너의 능력에 맞는 학교에 가서 네가 하고 싶은 공부 마음껏 하고 네가 갈 길을 너 스스로가 개척해 나아가거라.”

## 우린 뭘 먹고 살라고요

운동 나갈 때 입을 재킷이나 조끼를 하나 사고자 국내 어느 브랜드의 아웃도어 매장을 들렀다. 오래간만에 들린 매장 안에는 진열된 각종 아웃도어 제품들이 전과는 많이 달라진 모습을 볼 수 있었다. 우선 디자인에서 화려한 여러 가지 원색의 색상과 변화 있는 구성으로 제조되었음이, 단조로웠던 이전 제품들과는 판이하게 달라진 것을 느낄 수가 있었다. 그리고 제품의 원단도 가볍고 부드러우면서도 여러 가지 기능성을 지니고 있었다.

나 자신 나이도 늘어가고 해서 근년에 와서는 등산은 피하고 주로 걷기 운동을 하는 관계로 지난날 등산을 할 때의 갖추었던 각종 등산의류들은 현재는 사장된 상태인데 막상 착용하려해도 이제는 너무 구닥다리가 되어서 좀처럼 입고 나설 용기가 생기질 않는다. 매장에 올 때는 새 것으로 하나 사고 싶었으나 우선 값이 비쌌고 또 재킷이나 조끼의 색상이 여러 가지 원색으로 혼란스럽게 구성된 점이 내 취향에 맞지가 않았다. 무채색의 단조로운 디자인의 옷에 익숙해진 나로서는 이런 혼란스럽고 화려한 패션에 선뜻 호감이 가질 않았다.

주인에게 물었다. "이런 것 밖에 없어요?", 주인은 내가 구형 스타일임을 알아차렸는지, "어르신, 이것도 지금 사셔야지 2~3년이면 없어지고 또 새로운 제품이 나옵니다. "나는 다시 물었다. "한 번 나오면 좀 오래가야 하잖아요?"라고 했더니 주인은 빙그레 웃으면서 농담 반, 진담 반 "그럼 우린 뭘 먹고 살라고요."라고 했다.

지금은 온 사회가 새로운 것을 추구하는 시대가 되었기에 새 것이 헌 것이 되는 기간이 너무도 빨라졌다. 비단 아웃도어 의류 뿐 아니라 신사복 정장도 작년 형이 다르고 올 형이 다르다. 깃이 넓고 기장도 긴 재킷에 가랑이도 넓고 기장도 긴 바지가 유행인가 했는데 어느 사이 그 반대로 깃도 좁고 기장도 짧고 몸에 착 달라붙는 재킷에, 가랑이도 좁고 기장도 짧아진 바지의 정장이 나왔다. 사람의 시각이 간사스러워서인가 별난 모양의 옷이라도 새로 유행이 되어 남들이 다 입고 다니면 그 유행에 바로 익숙해져서 그 전에 유행되어 멋있다고 입고 다니던 옷이 오히려 이상스럽고 촌스럽게 보여 입지 않게 된다. 그래서 옷장 안에는 전에 아껴가며 입던 옷들이 총총히 걸려 있다. 누가 가져다 입겠다고 하면 선뜻 내주고 싶지만, 그런 사람도 없고 자청해서 주려고 해도 행여 그 사람을 모독하는 게 아닌가 싶은 생각이 들어 그렇게도 못하고 그냥 애물단지로 옷장 안만 비좁게 채우고 있다.

지난날 어렵게 살던 시절, 어디 체면을 차려야 할 자리에 갈 적에는 입고 갈 반반한 양복이 없어 친구의 새 양복을 빌려 입고 가기도 했다. 또 세탁소에 가면 세탁해 놓은 양복 중에 바로 안 찾아가는 양복을 세탁소 주인이 약간의 사용료를 받고 잠시 빌려주기도 했다. 그 때 양복에 대한 소중한 추억이 있어서인지 지금 옷장을 채우고 있는 안 입는 양복들을 버리고 싶어도 쉽게 버려지지가 않는다. 6.25 동란 직후 전쟁의 폐허 속에 외국에서 보내오는 구호의류를 감지덕지로 얻어 입고 미군 작업복을 염색해 입던 시절이 있었건만, 참으로 격세지감을 느낀다.

비단 의류뿐만 아니라 가전제품, 가구, 주방용품 등에서도 같은 현상이다. 가전제품도 사용하다 보면 고장이 났을 때 사소한 부품 하나만 갈아 끼우면 되는 데 그 제품이 이미 생산이 단절되고 새 모델의 제품이 나와서 부품을 구할 수가 없어 못 쓰게 되는 경우가 많다. 가구 또한 이사할 적마다 새 제품으로 바꿀 수밖에 없게 된다. 집에 화장실 바닥 타일이 몇 개 깨져서 보수를 하려 해도 똑같은 타일이 이미 단절되어 하는 수 없이 전체를 뜯어내고 새로 공사를 해야 한다.

이것이 현대 발달된 산업 사회의 생산과 소비 구조인 바, 시대 조류에 따라 살아갈 수밖에 없겠지만, 넉넉지 못한 주머니 사정으로는 벅찰 수밖에 없다. 그러다 보니 멀리 외곽 어디엔가 있는 싸구려 이월 제품 매장이나 고물상을 찾게 된다. 이런 현상이 우리나라는 좀 심한 게 아닌가 한다. 내 집에 오래 사용하고 있는 독일제 압력 밥솥이 있는데 오래 사용해서 뚜껑 속 테두리 고무 배킹이 낡아 증기가 새어 밥이 되지를 않을 때가 있다. 그러나 백화점에 그 제품 코너에 가면 그 오래된 밥솥인데도 그 회사 제품의 고무 배킹이 있어서 사다가 교체 해 가며 아직도 쓰고 있다.

우리나라는 너무 소비자의 구매 충동만을 자극하는 게 아닌가 한다. 기존의 제품도 어느 정도 생산해 가면서 신형 제품도 생산해서 구매자들의 취향에 따라 능력에 따라 언제 어디서나 손쉽게 필요한 제품을 구할 수 있는 생산 구조가 아쉽다.

# 신호등

거리의 신호등은 적, 녹, 황 세 색깔로 그 많은 차량과 사람들의 통행을 질서 있게 다스린다. 신호등이 나오기 전에는 네거리 한복판에 교통순경이 서서 호루라기를 불며 수신호로 교통정리를 했다. 그러나 신호등이나 교통순경이 아무리 신호를 잘해도 차량이나 사람들이 그 신호를 지키지 않으면 소용이 없다. 물론, 지키지 않을 때는 교통법규 위반으로 처벌을 할 수는 있지만, 한꺼번에 많은 차량과 사람들이 신호를 무시하고 몰아닥치면 무슨 수로 하나하나 잡아내겠는가.

한 20년 전 중국에 갔었던 적이 있었다. 베이징이고 시안이고 큰 도시 대로에 차량, 우마차, 자전거, 사람 등이 뒤엉켜 아슬아슬하게 다니는 것을 보았다. 물론, 신호등도 작동이 되고 도로에 차선도 표시가 되어 있었다. 거리 여기저기서 교통사고가 나도 경찰관이 와서 사고 처리를 하는 모습은 보이지 않고 당사자들끼리 옥신각신 시비 끝에 해결하는 것 같이 보였다. 그러나 요 근래 다시 가본 중국은 옛날의 그런 무질서한 거리 풍경이 아니고 제대로 교통질서가 유지되고 있었다.

우리도 하기는 지금처럼 인구나 큰 도시도 많지 않고 차량 수도 적을 시절에는 교통질서 같은 것 그렇게 심각하게 여기지 않았다. 나 자신도 서울에 출장을 갔다가 을지로 6가에서 횡단보도를 신호 무시하고 건너가다가 교통순경에게 적발되어 사거리 한복판에 위반자들을 임시 가두는 펜스에 들어가야 했다. 바로 회의 시간은 임박하고 해서 순경에게 시골서 와서 잘 몰랐다고 사정을 했더니 신분증을 보여 달라고 해서 도민증을 내보였다. 당시는 시 지역에 사는 사람은 시민증으로, 도 지역에 사는 사람은 도민증으로 신분증이 부여되었다. 결국 나는 그 도민증 때문에 풀려나는 배려를 받았다.

지금도 횡단보도 앞에서 녹색 신호등이 들어오기를 기다리고 섰노라면 할머니 할아버지들이 신호등은 아랑곳없이 유유자적 건너가는 모습을 본다. 구시대의 분들이기에 어느 길이든지 자유롭게 활보하고 다니던 습관이 몸에 배어서이다. 그런가 하면 유치원생, 초등학교 1,2학년 정도의 어린이들은 녹색 신호등이 켜질 때까지 서 있다가 녹색등이 켜지면 한쪽 팔을 높이 쳐들고 건너가는 모습을 본다. 그러나 좀 큰 중・고등학생들 중에는 더러 무단횡단하는 학생도 있다. 그만큼 순진성이 떨어진 것이다. 또 어떤 운전자는 네거리에서 적색 정지 신호등인데도 모든 차량들이 다 정지하고 있는데 우회전을 하는 척하고 나가서는 바로 핸들을 돌려 직진하기도 한다.

간혹 기차시간에 임박했을 때 횡단보도에서 신호등에 걸려 2~3분 기다릴 때는 조급한 마음에서 그냥 뛰어 건너가고 싶은 때도 있다. 그러나 주변의 이목 때문에 차마 그럴 수도 없어 애꿎은 신호등을 원망하며 서서 기다리는 수밖에 없다. 교통질서는 후진국으로 갈수록 문란하고 선진국일수록 잘 지켜진다. 그만큼 국민들의 의식 수준의 차이를 보여주는 것이다. 이처럼 도시 생활이라는 게 편리한 점도 많지만, 사소한 제약도 많다. 그 제약이라는 게 바로 규칙이고 그 규칙은 모두의 안전과 질서를 위해 반드시 지켜야 하는 법, 간혹 반칙하는 사람들이 있어 오히려 규칙을 잘 지키는 사람이 손해를 보기도 한다.

세상 살아가는 동안에도 각 사람마다 사는 모습이 다 다르지만, 어디에서 어떻게 살든 현대 사회는 공동생활을 하게 마련이다. 공동의 이익과 안전을 위해서는 교통 신호등 불빛 따라 통행하듯, 삶의 길에도 양심이 비춰 주는 신호등을 따라 반칙 없이 살아가면 오죽 좋으랴.

# 대만을 다녀와서

5월이지만, 중순을 좀 넘어선 때라 낮에는 여름 못지않게 더웠다. 문우 10명이 한 조가 되어 3박 4일의 일정으로 대만 패키지여행을 다녀왔다. 대만은 우리나라와는 가까운 거리에 있는 섬나라지만 아열대성 기후로 덥고 비가 많이 오고 습도가 높은 곳이다. 그러나 우리 여행 기간에는 운 좋게도 비도 오지 않았고 날씨도 구름만 좀 있었지 못 견딜 정도로 덥지도 않았다.

이번 4일간의 대만 여행은 수도인 타이베이(臺北) 시와 대만 중간 지점 동쪽 해안도시 화리엔(花蓮)의 온천과 옥 박물관, 타이루꺼(太魯閣) 협곡 그리고 대만 북부 해안에 있는 예류(野柳)해양지질공원 등 세 지역을 다녔다. 타이베이에서는 국립 고궁박물관, 중정기념관, 충렬사, 용산사, 야시장, 서문정 거리, 타이베이 101빌딩을 가 보았다.

역시 듣던 바대로 박물관내에 전시된 각종 중국 보물과 미술품은 중국 5000년 역사를 생생하게 보여 주었고 중국 역대 황실의 수장품과 국보급 보물들이 거의 다 이곳 대만에 보관되어 있다고 하니 놀랍지 않을 수 없었다. 75만 점에 이르는 보물들을 한꺼번에 다 전시하기가 어려워 주기적으로 교체 전시를 한다고 한다. 전시된 유물들은 인간의 상상력을 초월한 솜씨로 만들어진 작품들이지만, 순수한 예술품이라기보다는 황제나 힘 있는 윗사람들에게 바침으로써 자신의 신분 보장과 안위를 위해 만들어졌다니 이 또한 아이러니한 일이 아닌가.

중화민국 국민당 정부의 장개석 총통은 중국 본토에서 모택동 공산당과 내전을 벌이다가 패하여 자신의 국민당 정부군을 이끌고 대만으로 건너오면서 현재 국립고궁박물관에 있는 많은 보물과 문화재를 함정에 싣고 왔다고 한다. 그 당시 모택동이 이를 알고도 폭격하지 않고 가져가게 한 것은 결국 대만도 머잖아 자신의 치하에 들 것이라고 여겼었기 때문이었다 한다. 장개석 총통도 기어코 대륙을 수복하겠다는 일념으로 살아오다가 83세의 일기로 마감했지만, 자신의 시신은 대륙에 묻겠다고 하여 그의 시신은 아직도 매장하지 않은 채 묘소에 누워 있다 한다.

그러나 장개석 총통도, 모택동 주석도 다 자신들이 하나의 중국 통일을 못 이룬 채 그 한을 품고 지금은 저세상 사람이 되었다. 지금 대만의 중화민국 정부는 공식 국가가 아니고 거대한 중화인민공화국(중국)만이 중국을 대표하고 있다. 대만 정부가 독립선언만 하지 않는다면 중국 정부는 무력통일은 하지 않겠다고 한다.

대만은 과거 우리와 같이 일제의 식민지였고 해방과 함께 동족인 공산당과 맞서 싸웠던 반공 국가로서 아시아국가 중 가장 가까운 쌍둥이 같은 절친한 우리의 우방국이었다. 그러나 중국이 강대국으로서 국제사회에 등장하면서 우리와 본의 아니게 국교가 단절되고 내왕이 없다가 근래에 와서 다시 교류가 이뤄지고는 있지만, 서운한 감정은 남아 있는 것 같았다. 여러 관광지에 가 봐도 중국어와 일본어 안내문이나 해설문은 있는데 한글 안내문이나 해설문은 없었다. 중국은 동족이라 그렇다지만, 일본은 자기들을 식민 지배했던 나라인데도 전혀 적대감 없이 아주 우호적인 것 같은 느낌을 받았다. 그러나 대만의 철로 위를 달리는 열차는 우리 현대중공업 제품이며 열차에서 만난 대만 젊은이들이 가진 휴대전화, 스마트폰은 우리의 삼성, LG 제품인 것을 보고 가슴 뿌듯함을 느꼈다.

이제 대만과 중국은 자유롭게 교류하고 민간인 관광객도 허용되고 있다. 이들 관광단은 와서 8일간, 대만 섬 구석구석 자유롭게 다 돌아보고 간다고 한다. 부러운 마음이 든다. 우리도 이들처럼 남과 북이 동족인데 왜 자유롭게 내왕을 못 하는 것 인지…….

# 황혼에도 낙(樂)은 있어

어버이날을 즈음해 마을 경로당에서 노인들을 위한 경로잔치가 있었다. 잔치라기보다는 조촐한 회식이라야 맞을 것 같았다. 이름은 경로잔치였지만, 누가 차려준 것도 아니고 마을 노인회에서 마련한 자축연이었다. 경로당에서 늘 만나는 노인들이지만, 잔치라는 이름으로 손수 음식을 만들어 차려 놓고 한자리에 모여 먹으며 즐기니 이 또한 노인들 삶에 활기를 줌이 아니겠는가.

지난 시절, 나도 경로잔치를 베푸는데 일조 한 일이 있고 경로당도 방문하여 노인들을 뵙고 선물도 전하며 위문도 한 적이 있지만, 그때는 나도 저렇게 늙어 경로당에나 나가게 되면 어쩌나 하는 마음에서 아예 늙는다는 것은 생각도 하기 싫었다. 그러던 나도 이젠 경로당에 나가 경로 잔칫상 앞에 앉아 있으니 '세월 앞에는 장사가 없다'라는 말이 실감이 난다.

인생은 60부터요, 70부터요라고 하지만, 그것은 늙음의 속도를 억지로라도 늦춰보려는 데서 나온 말이다. 옛날 시조에도 '탄로가(嘆老歌)'가 많았지만, 오늘날에 와서도 늙음을 예찬하는 노래는 없는 것 같다. 가수 나훈아는, 청춘을 돌려다오 젊음을 다오/ 흐르는 내 인생의 애원이란다/ 못다 한 그 사랑도 태산 같은데/ 가는 세월 막을 수는 없지 않느냐/ 청춘아 내 청춘아 어딜 갔느냐/ 라고 가버린 청춘을 애원하는 노래를 부르지 않았던가.

늙는다는 것은 저무는 해와 무엇이 다르랴. 저무는 해는 아름다운 노을이라도 보이지만, 사람의 늙음은 고통만이 따라올 뿐이다. 그래서 요즘 노인 4고(老人四苦)라 하여 고독고(孤獨苦), 빈곤고(貧困苦), 무위고(無爲苦), 질병고(疾病苦)라는 말이 있지 않은가. 누가 연구해서 지어낸 말인지는 몰라도 수긍이 가는 것도 같다. 그러나 고통스러운 쪽만 찾다 보면 그렇기도 하겠지만, 역으로 즐거움(樂) 쪽으로 찾아봐도 네 가지는 쉽게 찾아낼 것 같다.

첫째로 자유로움이다. 젊어서는 직장에 매어서, 가족 부양에 매어서, 돈 벌기에 매어서 사느라 언제 한 번 나만의 자유를 누려 보았는가. 이제 은퇴하고 이런 속박에서 벗어나고 보니 얼마나 편하고 즐거운가.

둘째로 여유로움이다. 하루하루가 모두 여유롭다. 시간도 마음도 모두가 넉넉해서 무엇이든지 내가 하고 싶은 대로 할 수 있으니 이 또한 즐거움이 아니겠는가.

셋째로 남들과의 경쟁이 없는 것이다. 젊어서는 공부하기 위한, 출세하기 위한, 돈 벌기 위한 생존 경쟁을 하느라 얼마나 노심초사 온힘을 다 했는가. 이제 노인이 되고 나니 이런 경쟁을 할 수도 없고 할 필요도 없으니 이 또한 즐거움이 아닌가.

넷째로 예우를 받는 것이다. 전철을 무임으로 제한 없이 탈 수 있고 차내에도 노인 지정석이 있어 앉아 갈 수 있고 기차도 30% 할인을 받는다. 고궁이나 국립공원도 무료입장이다. 어디를 가도 '어르신', '아버님'이란 존칭을 받으며 극진한 예우를 받는다. 이 또한 세계 어느 나라에서도 없는 예우를 받으니 어찌 즐거움이 아니랴.

정리하면, 노인 4락(老人四樂)으로 자유락(自由樂), 여유락(餘裕樂), 무경쟁락(無競爭樂), 예우락(禮遇樂)을 들 수 있다. 찾아보면 어찌 4락뿐이랴, 이미 노인 4고가 있으니 그에 맞춰 4락으로 집약한 것뿐이다. 노인이라고 해서 반드시 고통만 있으란 법도 없다. 나름대로 즐거움도 있으니 즐거움을 통해서 고통 일부라도 이겨가며 사는 것이 노년의 삶을 얼마든지 윤택하게 할 수도 있지 않겠는가.

## 요즘 어떻게 지내십니까

정년으로 은퇴한지도 벌써 20년을 넘겼다. 천직으로 알고 40여 년을 외길을 걸어오다 정년이라는 덫에 걸려 더 못 가고 바깥세상으로 나왔으나 달리 뭐 할 게 있겠는가. 처음에는 홀가분한 마음으로 산행도 하고 비슷한 처지의 친구들과 어울려 술자리도 하고 가끔씩 하루 교외로 야유회도 나가고 좀 더 크게는 해외여행도 하며 제법 삶을 즐기는 것 같았다. 그러나 그것도 일상은 될 수 없는 일이다. 소득이 있는 직업 활동을 하거나 나만이 심취해 할 수 있는 취미나 특기활동으로 일상생활을 하지 않는 한, 백수(白手) 신세에 불과한 것이다.

다행히 젊은 나이가 아니라 백수에 건달 자가 붙지는 않겠지만, 육신이 아직 건강하면서 정해진 일거리가 없이 하루하루 보내는 그 무료감은 백수가 되어 보지 않고서는 누가 알랴.

그래서 요즘 이런 은퇴 노인 백수들의 일상을 풍자한 유행어가 있다. 그것은, 은퇴한 백수들이 다니는 세계 유명 4개 대학이 있는데 그 1은 '하버드 대학(하루 종일 드나든다는 뜻)'이요, 그 2는 '하와이 대학(하루 종일 와이프 곁에만 붙어 있는 다는 뜻)'이요, 그 3은 '동경 대학(동네 경로당에 나간다는 뜻)'이요, 그 4는 '방콕 대학(온 종일 방안에 콕 박혀 있다는 뜻)'이다.

왜 하필이면 대학을 갖다 붙였을까? 대학은 예나 지금이나 초·중·고처럼 아침 시간에 등교하고 오후 시간에 하교하는 것이 아니고 각자가 수강 신청한 학과의 강의 시간에 맞춰 가기 때문에 등하교 시간이 불규칙한 것을 보고 옛날 대학을 못 다녔던 일반 사람들의 눈에 비치는 대학생이란 제대로 공부도 안하고 건달처럼 노는 것처럼 보였기 때문이었다. 그래서 '먹고 대학생'이란 유행어가 그 당시에도 나돌았다. 아무튼 은퇴자들이 백수가 되어 가는 과정을 그럴 듯하게 풍자한 말이다.

요즘도 어쩌다 오랜만에 아는 사람을 만나면 건네 오는 인사가, "요즘 어떻게 지내십니까?"이다. 이럴 때 선뜻 대답할 말이 궁하다. 뭐 특별히 정해 놓고 하는 일이 없다 보니 마땅한 대답이 없는 것이다. 그렇다고 아주 없는 것도 아니지만, ~~위원이요, ~~고문이요, ~~이사요, ~~회장이요 라고 해 봤자 다 유명무실한 직함일 뿐, 상대편이 자세를 바로 할 정도의 위력을 발할 만한 것이 못되기에 그저 "잘 지내고 있습니다." 정도로 마무리 하고 만다.

지금의 젊은 세대들은 자신의 인생 설계를, 정년을 기점으로 정년 전과 정년 후의 2원 설계를 해야 할 것 같다. 이것은 정년 후 백수 4개 대학과정을 피하기 위해서라도 반드시 해야 할 필수 과제일 것이다.

나도 지금 어쩔 수 없는 백수이지만 그래도 아직은 원고 청탁도 받고 글이라도 써서 발표할 정도이고 노인대학에서 강의도 하니 필수(筆手)나 강사는 될 지언 정 순전한 백수(白手)는 아니잖은가.

# 금연 구역

요즘 거리를 가다 보면 찻집이나 식당 출입문 앞에 목책을 두른 과히 크지 않게 꾸민 공간에 탁자를 놓고 둘러 앉아 차도 마시며 담배를 피우는 모습을 본다. 실내가 금연 구역이다 보니 노천카페 형식으로 이렇게 흡연 구역을 만든 것 같다. 갈수록 흡연자들의 입지가 좁아져 가고 있는 양상이다. 그렇지만 금연을 강조하면서도 범죄시 하지는 않는다. 그렇다면 어쩌라는 것인가? 알아서 피우되 비흡연자들에게 피해가 가지 않도록 지정된 장소에서만 피우도록 허용하는 것이다. 그러면서 흡연금지 지역이나 건물을 확대 지정을 해 놓았으며 이 흡연금지 구역에서 흡연하다 적발되면 벌과금 10만 원을 물게 되어 있다.

그런데 아직도 흡연금지 구역인 대로변이나 공공장소에서

버젓이 담배를 피우는 모습이며, 길가에는 버려진 담배꽁초가 널려져 있는 것을 볼 수 있다. 근래에 와서 담배의 해독에 대하여는 과학적으로나 의학적으로 증명되어 국민 건강을 위해 정부에서도 적극적으로 금연 정책이나 운동을 펼치고 있다. 따라서 모든 흡연자들도 담배의 해독에 대해서는 잘 인식 하고 있으면서도 과감하게 절연을 못하는 것은 일단 담배를 피우게 되면 담배 속에 있는 니코틴의 중독성 때문인 것이다.

담배는 원래 이 땅이 원산지도 아니며 우리의 것도 아니다. 이 땅에 전래된 것은 조선왕조 광해군 시대 왜국을 통해 들어왔다 한다. 초기의 이름은 남초(南草), 즉 남쪽에서 왔다는 뜻이며, 또는 담바구(왜말로 '다바고'에서 변형)라고도 했다 한다. 그래서 우리 민요에 담바귀 타령도 이 때 태어난 것이다. 담바구(귀) 타령의 한 대목을 살펴본다. '귀야 귀야 담바귀야 동래나 울산에 담바귀야, 너의국(國)은 어디길래 우리국으로 나왔나, 우리국도 좋지마는 조선국으로 유람 왔나, 은을 주려 나왔느냐 금을 주려 나왔느냐, 은도 없고 금도 없고 담바귀 씨만 가져왔네.'

이 민요에서 보아도 담배의 해독에 대한 구절은 한 군데도 없다. 하긴 담배의 해독에 대해 표면화된 것도 근래에 와서다. 그 이전에는 담배는 술과 함께 기호품으로, 특히 성인 남성들에게는 남성의 기풍을 나타내는 상징물처럼 여겨, 담배정도는 피워야 남성 대접을 받았다. 으레 남성들의 만남에서는 초면이고 구면이고 담배 갑을 꺼내 서로 권하며 피워 물어야 대화가 잘 되어 교제의 수단이기도 했다. 또한 담배를 피우며 뽀얀 연기를 내 뿜는 그 모습은 남성미를 풍기는 하나의 멋으로 여겨, 아직 담배를 못 피우는 미성년들에게는 동경의 대상이기도 했다. 그래서 유행가 가사에도 많이 표현되었고 담배를 피워 문 영화 속에 주인공의 멋은 한결 더 돋보이기도 했다.

그랬던 담배가 지금 와서는 곳곳에서 괄시를 받고 이제는 금연구역의 장벽에 가로 막혀 보일까 말까 한 구석퉁이에 영어의 신세가 되어 겨우 구차한 명맥을 이어 가는 실정이 되었다. 흡연 인구를 줄이고자 담뱃값을 대폭 인상도 하고 각종 무시무시한 홍보 문구나 그림을 담뱃갑에 삽입하고 방송 매체를 통해 담배의 해독을 주지 시키며 금연 운동을 적극적으로 펼치면서도 담배는 계속 생산 공급하고 있으니 참 아이러니한 일이다.

# 아내의 잔소리

오전 중 운동을 하고 점심때 집에 돌아온 아내의 얼굴빛이 심상치가 않았다. 새벽에  잠 안 자며 올림픽 한·일전 축구를 볼 때만해도 명랑했었는데 왜 운동을 다녀오더니 갑자기 굳어진 얼굴에 입마저도 굳게 닫혀 있는지? 함께 오래 살다 보니 표정만 보아도 대강은 짐작이 간다. 이 표정은 밖에서 원인이 되어 온 것이 아니고 나한테서 온 것임을 직감했다. 그렇다면 내가 무엇을 잘 못했다는 것인가? 아무리 생각해봐도 오늘 새벽 한일 축구전 본 이후엔 별로 잘못한 게 없는 것 같은데, 아내 또한 아침 식사하고 바로 운동을 갔기에 나와 함께 있은 시간 없었는데 왜 저렇게 변했나 하고 곰곰이 생각해도 답이 나오지 않았다.

어쨌거나 분위기가 이렇게 되었을 때는 전례에 따라 저절로

풀릴 때까지 둘이 다 침묵으로 가는 수밖에 없다. 이 침묵은 이 날 오후부터 다음 날 밤까지 계속되었다. 말이 그렇지 집안에 식구라고는 단 둘 뿐인데 하루 반나절을 말 한마디 안 건네고 산다는 게 생지옥이 따로 없는 상황이었다. 침묵 둘째 날은 마침 일요일이자 비가 내려서 어디 마땅히 나갈 곳도 없어 고스란히 이 생지옥의 공간에서 보내야 했다.

어디 탈출구라도 있었으면 하였는데 오후 좀 기울어 휴대전화 신호가 울렸다. 얼씨구나, 살았구나! 반가운 마음에 얼른 받았더니 이웃에 사는 친구였다. "뭐해! 날도 구진데 술이나 한 잔 하지" 이 얼마나 반가운 소린가. 옷을 갈아입고 나와 우산 받쳐 들고 쏜살같이 빗속을 뚫고 늘 가는 빈대떡집으로 갔다. 오늘 따라 술 맛도 일품이었다. 거나한 취기 속에 친구와 헤어져 오면서 슈퍼에 들러 막걸리를 두 병 사들고 집에 왔다. 나로서는 화해 주라도 나눌 생각이었는데 아내는 술병을 보고도 여전히 표정을 풀지 않았다. 침묵이 흐른 채 TV만 볼 뿐이다.

이윽고 내가 먼저 술병을 식탁에 꺼내 놓으며 "술이나 한 잔 합시다." 라고 선수를 놓았는데도 여전히 굳어진 채 반응이 없었다. 잠시 기다려 보다가 가능성이 없을 것 같기에 포기하고 잠자리로 가는데 그제야 앙칼진 소리로 "얘기 좀 해요!"라고 응사를 해 온다. 어쨌든 부닥쳐야 될 것이기에 소파에 나란히 앉았다. 아내는 드디어 화가 난 속내를 털어 놓았다.

아내가 화가 난 발단은 아침 식사 때였다. 요즘 날씨가 너무 더워서 주방에서 가스레인지에 밥하고 국 끓이고 볶고 하는 요리를 피하고 간단히 식빵과 우유로 식사 준비를 해 왔다. 오늘 아침에는 내가 내 나름대로 식빵에 잼을 발라서 먹는데 아내가 그렇게 먹으면 안 된다며 먹는 방식을 고쳐 주려 하기에 나는 사소한 일에 간섭을 받는 것 같아서 순간 "놔둬! 내 멋대로 먹게!"라며 신경질 조로 응수했다. 나는 그러고 나서 별 감정 없이 식사를 마쳤다. 그런데 아내는 그 순간 몹시 모욕감을 느꼈던 모양이다.

아내는 비로소 입을 열어 이 상황을 털어 놓으며 한 마디 하기를, "싫더라도 '그래 어떻게 먹어야 하는데?'라고 한마디 하면 될 것을 남자가 되어 가지고 그렇게도 아량이 없어요!"라고 쏘아붙인다. 듣고 보니 그 말도 옳고 내가 옹졸했구나 하는 생각이 들었다. 요즘 TV드라마에서 젊은 남편 역으로 나오는 유준상이 보여 주는 그 너그러운 모습이 떠오르며 나의 언행에 부끄러운 감이 들었다.

근래에 와서 아내의 잔소리가 많아진 것은 확실하다. 여자들은 늙어 갈수록 잔소리와 간섭이 많아진다고 한다. 그런데 늙은 아내의 잔소리와 간섭이 오히려 남편의 수명을 연장시켜 주는 요인이 된다는 연구도 있다. 잔소리와 간섭은 당장은 싫지만 그로인해서 자극을 받아 뇌 활동을 촉진시켜서 생명 연장으로 이어진다는 것이다. 수족관에 사는 작은 고기들이 바다나 강에 사는 작은 고기보다 수명이 더 길다는 연구도 있다. 그것은 같은 수족관에 사는 큰 고기들한테 잡아먹히지 않기 위해 항상 살피고 큰 고기를 피해 몸을 민첩하게 움직여 운동량이 많아지기 때문이라는 것이다.

그렇다면 이후부터는 오래 살기 위해서라도 아내의 잔소리와 간섭을 고맙게 여기며 즐거운 마음으로 받아들여야 되지 않을까 싶다.

5부

# 만추의 길목에서

# 할아버지, 자리에 앉으세요

걸어가다가 비가 조금씩 내리기에 시내버스를 탔다. 버스 안에는 승객이 얼마 안 타서 좌석이 많이 비어 있었다. 그러나 나는 바로 다음 정류장에서 내려야겠기에 자리에 앉지 않고 교통카드를 찍고 손잡이를 잡은 채 출입문 앞에 서 있었다. 그런데 운전기사는 백미러로 내 모습을 보았는지, "할아버지! 자리에 앉으세요!"라고 나무라듯 큰 소리로 알려 왔다. 운전기사는 승객의 안전을 위하여 특히 나 같은 노인에게는 더 신경을 써서 각별한 당부를 하는 것으로 이해는 했다. 그러자 바로 버스는 정류장에 정차를 해서 나는 목적지에 왔기에 내렸다

그런데 운전기사가 나에게 던진 말 중에 "할아버지"라고 서슴없이 부른 것이 내내 불쾌감으로 차올랐다. 할아버지는 집 안에서 손자들이 부르는 호칭일 뿐, 요즘은 어딜 가나 다 "어

르신"이라고 부르는데 "할아버지"라니. 그래서인지 낯모르는 사람으로부터 할아버지 소리를 들으면 하찮은 늙은이로 하대받는 느낌이 든다. 나 자신은 아직 아픈데 없고 내 발로 가고 싶은 데 불편 없이 잘 다니고 있으니 노화된 나의 모습을 나 스스로가 못 느끼며 마음은 아직도 지나온 세월 속에 살고 있는 것으로 착각을 하고 있는지 모를 일이다. 하긴 요즘 떠도는 말로 '뛴다고 생각하는 데 걷고 있는 나이'가 되었으니, 남 보기에는 영락없는 노인이요 할아버지로 보일 수밖에 없을 것이다.

요즘 아무리 100세 시대라고 하지만, 마음은 젊음에 머물러 있을지 몰라도 외모가 늙는다는 것은 피할 길은 없는 것 같다. 나는 요즘 머리가 완전 백발이 되었다. 그런데다 머리숱도 줄고 가늘어졌다. 젊어서 유난히 머리숱이 많고 굵고 뻣뻣해서 그냥 빗으로 빗어서는 도저히 뒤로 넘어가지 않아 이발소에서 불에 달군 고대로 지져 포마드 발라서 강제로 넘겨야 했다. 당시는 남자는 이마가 넓어야 남자답다고 했고 이마가 좁으면 소갈머리가 없는 졸장부라고 했기에 이마가 넓은 남자를 알아주었다. 그런데 요즘은 어떤가? 앞머리는 눈썹까지 앞으로 끌어내려 이마는 머리카락에 덮여 보이지도 않는다. 내가 이 시절에 젊은이었다면 뻣뻣하고 숱이 많았던 내 머리 억지로 뽑아내고 불고대로 지져 넘기느라 애쓰지도 않았을 것 아닌가.

세월의 흐름에 따라 유행도, 사람들의 생각도 변하는 게 자연의 순리인가보다.

어디 머리뿐이랴, 요즘에 와서는 시력도, 치아도, 관절도 나 자신도 모르는 사이에 노화가 진행되어 감을 느낀다. 그래서 해당 전문의로부터 백내장 수술도 하고 나빠진 치아는 임플란트로 교체도 했다. 무릎 관절은 퇴행성이라며 적당히 치료하고는 완치는 어렵다며 무리하지 말고 가벼운 운동을 하며 잘 관리하라고 한다. 노후된 기계처럼 이젠 유효기간이 다 되었다는 뜻이 아니겠는가. 나이 들어 몸도 못 가누는 지경에 이르러 가족들의 부담을 덜기 위해 어쩔 수 없이 요양병원이나 요양원으로 가게 되는 것도 결코 마음 내키는 일은 아니다.

조선왕조 정조 시대 학자였던 심노숭(沈魯崇)은 노인이 되면 다섯 가지 형벌, 오형(五刑)을 받는다고 했다.

첫째, 보이는 것이 뚜렷하지 않아 책을 읽을 수 없으니 목형(目刑)이요

둘째, 단단한 것을 씹을 수 없어 잇몸으로 호물호물하니 치형(齒刑)이요

셋째, 다리에 힘이 없어 걸을 수 없어 집에서만 있으니 각형(却刑)이요

넷째, 들어도 정확치 않아 딴소리를 하게 되니 이형(耳刑)이요

다섯째, 여색을 보아도 아무 요동이 없으니 궁형(宮刑)이라고 했다.

이에 대해 역시 정조 시대 승지 여선덕(呂善德)은 다섯 가지 즐거움, 오락(五樂)으로 반론을 폈다.

첫째, 보이는 것이 뚜렷치 않으니 전신 수양을 할 수 있고

둘째, 단단한 것을 씹을 수 없으니 연한 것을 씹어 위를 편안히 할 수 있고

셋째, 다리에 힘이 없으니 편안히 앉아 힘을 아낄 수 있고

넷째, 나쁜 소리 들리지 않으니 마음이 저절로 고요해지고

다섯째, 여색으로 망신당할 행동에서 멀어지니 목숨을 오래 이어 갈 수 있으니 이것이 다 즐거움이 아니겠나. 라고 했다.

인간의 수명은 개인에 따라 차이는 있을 뿐 한계점은 있는 법, 늙어가면서 노화 현상은 피할 수 없거늘 굳이 형벌로 까지 여길 필요야 없지 않은가. 5형의 반론을 편 여선덕의 5락을 수용함이 오히려 마음 편히 노화를 극복하는 길이 아닐까. 원효대사도 일체유심초(一切唯心造-모든 것이 마음에서 일어나는 것)라 했다. 노인, 할아버지 소리를 듣는 것도 다 마음먹게 따라 생각하기 나름이 아니겠는가.

# 하이하이 일본인

몇 해 전 문우들과 함께 3박 4일 간의 일본문학기행을 다녀온 적이 있었다. 일본이 자랑하는 동화작가 미야자와 겐지(宮澤賢治), 시인 다카무라 코다로(高村光太郎), 이시카와 다쿠보쿠(石川啄木) 이 세 작가의 연고지인 이와테현 중서부에 위치한 하나마키시와 모리오카시를 버스로 순방했다. 낮에는 이들 작가들의 생가나 기념관을 돌아보고 저녁엔 호텔에 투숙하는 단조로운 여행이었다. 이 지역은 예로부터 농업 지역이라 한다. 그래서인지 주행 중에는 차창 너머로 전개되는 산과 강이 어우러진 자연 풍광과 논이 있는 들녘에 띄엄띄엄 있는 농촌 마을 풍경이 자주 시야에 들어왔다.

여행 목적은 문학 탐방이었지만 당시로서는 일본을 처음 가보는 나는 어린 시절에 잠시 일본 가정에서 체험했던 기억 속의 일본 사람들의 모습을 되찾아 보려는 심정이 더 앞섰다. 여행 중 가는 곳곳에서 비록 단편적이긴 하지만 내 기억 속에 남아 있는 일본 사람들의 모습을 쉽게 찾아볼 수가 있었다. 먼저 친절성이다. 말끝마다 "하이하이(우리말-네네)" 대답을 연발하며 허리까지 굽혀가며 정중하고도 친절한 인사를 한다. 이런 인사는 마음으로부터 울어나서이기보다는 일상생활 속에서 그렇게 익혀진 것 같다.

그리고 청결과 질서의식이다. 차창 너머로 보이는 농촌 마을 주택들은 거의 비슷한 구조이며 집과 집 사이도 직선으로 경계가 되고 대지도 네모 반듯 했다. 면도를 한 듯한 깔끔한 생-울타리와 가지각색 꽃이 핀 예쁘게 가꾼 꽃밭, 어디 한 군데 어지럽혀진 곳 없이 깨끗하고 아름답게 단장된 모습이었다. 도중에 들렀던 도시의 거리에도 쓰레기가 쌓여 있거나 휴지나 담배꽁초가 떨어져 있는 것도 별로 눈에 띄지 않았다. 보도도 블록이 깨져 나가거나 울퉁불퉁 불량한 곳도 거의 없었다. 어디를 봐도 잘 다듬고 관리한 모습이었다.

식당의 상차림도 우리와는 좀 달랐다. 음식의 내용은 우리와 크게 다를 게 없지만 특이한 점은 숟갈을 거의 쓰지 않고 주로 젓가락을 사용했다. 밥이나 국은 먹을 만큼 작은 그릇에 담아다 먹고 반찬은 인색할 정도로 소량씩 개인별로 작은 접시에 담겨져 있어서 자기 것은 자기만 먹게 되어 있다. 이렇게 먹다보니 남기는 음식이 있을 수 없고 위생적이다.

이토록 매사에 어느 한 구석이고 허점이 없고 너무 완벽하게 보이다 보니 가까이 다가가고 싶은 정감보다는 오히려 얄미운 마음이 들 정도다. 일본 사람들의 매사를 갈고 닦는 섬세한 성품을 보면서 그에 비해 그저 두고 보며 어딘가 무감각하리만큼 넉넉한 마음으로 살아가는 우리의 모습을 볼 때 이들과는 이웃나라이지만 너무도 다른 성품상의 차이가 있음을 느낀다. 우리의 무감각한듯하면서도 넉넉함과 일본 사람들의 예민하고 인색함의 결과에서 드러나는 외형상의 차이는 있지만 결코 우열의 차로 보고 싶진 않다.

나는 돌아오는 비행기 안에서 어린 시절 중국에서 살 때 일본 사람 가정에서 며칠 간 보내면서 느꼈던 그 기억을 떠올리며 예나 지금이나 본질적으로 변한 게 없는 일본 사람들의 심성과 행동 양식을 예사롭지 않은 마음으로 다시 한 번 되새겨 보았다.

# 만추(晩秋)의 길목에서

11월도 초반이 넘어 어느덧 가을의 끝자락으로 접어들었다. 우리나라는 봄 · 여름 · 가을 · 겨울 4계절이 뚜렷해서 각 계절마다 각기 특성이 있어 그 특성을 고루 느끼며 이 땅에 사는 우리들로서는 하늘이 주는 축복이라 아니 할 수 없다.

그런 가운데서도 네 계절 중 어느 계절이 좋으냐고 묻는다면 각기 사람마다 선호하는 계절이 다르겠지만, 그래도 대부분의 사람들은 봄과 가을을 택할 것이다. 봄이나 가을도 전혀 다른 특징을 가지고 있지만, 한 가지 사람의 체온을 유지하는데 알맞은 기온인 점이 공통점이다. 봄은 따사롭고 가을은 시원해서 특별히 체온관리를 하지 않아도 가벼운 옷차림으로도 활동이 자유로울뿐더러 마음 또한 편안하고 상쾌해짐이 봄 · 가을이 주는 매력이다. 게다가 봄은 혹독한 추위 다음에 맞는 따사로움이요, 가을은 사람들을 지치게 하는 더위 다음에 맞는 시원함을 주기에 더욱 기다려지고 반가움을 주는 계절인 것이다.

가을을 사색의 계절, 독서의 계절, 우수의 계절이라고도 하고 흔히 듣는 천고마비의 계절이라고 한다. 다 계절이 주는 감각에서 오는 표현인 것이다. 또 한편, 가을은 오곡백과가 두루 익어 거두어들이는 추수의 계절이기도 하다. 그러기에 가을은 정신적으로나 물질적으로나 두루 풍요로움을 만끽하는 계절이다.

지금은 겨울의 관문인 입동도 지나고 가을도 저물어가고 있다. 그 동안 오색으로 아름답게 물들어 사람들의 마음을 황홀하게 하고 그 정취에 흠뻑 빨려들게 했던 단풍도 이젠 볼품없는 낙엽이 되어 뒹굴고 있다. 초가을에 길가나 들녘에 집단으로 피어 한들한들 그 청순한 모습으로 사람들의 마음을 사로잡아 주던 코스모스도 이미 사라진 지금, 그래도 마지막까지 찬 서리를 맞아가면서도 고운 자태로 피어나 그윽한 향내를 뿜어 주며 마지막 가는 가을의 쓸쓸함을 감싸주는 국화는 가는 가을의 아쉬운 마음을 달래주는 듯싶다.

국화를 보면서 조선조 후기의 문신 이정보의 시조가 떠오른다.

국화야 너는 어이 삼월동풍(三月東風) 다 보내고,

낙목한천(落木寒天)에 네 홀로 피었는고,

아마도 오상고절(傲霜孤節)은 너 뿐인가 하노라.

여기서 '오상고절'은 모진 서릿발 속에서도 굴하지 않고 외롭게 지키는 절개란 뜻으로, 국화의 아칭이다. 그래서 예로부터 국화를 군자의 덕목이요, 충신을 상징하는 것이다. 그러므로 국화는 시인 묵객들의 작품 소재가 되고 있는 것이 아니겠는가.

만추의 길목에서, 가는 가을을 마지막까지 아름다운 모습으로 지켜주는 국화의 '오상고절'을 음미하며 아직 남아 있는 가을의 정취에 젖어 든다.

# 부대찌개의 사연

'찌개', 하면 우리의 전통 음식 중에서도 빼놓을 수 없는 음식이다. 그 종류만 해도 하도 많아서 일일이 다 나열할 수는 없지만, 그 중에서도 우선순위로 꼽으라면, 된장찌개일 것이다. 된장찌개 하면 앞에 '구수한'이라는 형용사가 붙게 마련이다. 그만큼 된장찌개는 우리 민족의 입맛과 함께해 온 고유의 음식이다.

찌개는 된장, 고추장, 간장 등의 양념을 바탕으로 하여 고기, 두부, 생선, 야채 등을 재료로 넣고 바특하게 끓인 음식인데 어떤 재료가 주재료냐에 따라 그 찌개에 이름이 붙여진다. 그러나 된장찌개는 우리 국민찌개라 할 만큼 찌개의 대명사처럼 되어 있지만, 실은 옛날 가난했던 시절 특별히 찌개에 넣을 재료가 된장밖에 없었으니 된장을 듬뿍 넣어 끓였던 강된장찌개 그것이었다. 그러나 요즘에 와서는 새로운 이름의 찌개가 많이 생겨난다. TV 내고향6시나 맛자랑 프로에 보면 먹음직스럽게 입맛을 당기게 하는 여러 가지 재료가 들어간 처음 듣는 찌개들이 등장한다. 어쨌든 찌개나 국 같은 숟가락으로 떠서 먹어야하는 음식은 밥을 먹을 때나 술을 마실 때는 빼놓을 수 없는 음식이다.

그 찌개 중에 "부대찌개"라 불리는 특이한 찌개가 있다. 대개 찌개는 그 주재료가 무엇이냐에 따라 그 이름이 정해지는데 그 재료는 대부분 육류나 어패류, 야채, 버섯 등의 자연 생체의 재료인데 부대찌개는 문자 그대로 그 주제가 군부대인 것이다. 평택이나 파주지역 같이 미군부대가 주둔하고 있는 지역에 사는 사람들은 부대찌개의 내력을 잘 알 것이다. 우선 그 찌개의 주재료부터 보면 소시지나 햄이다. 이 재료들은 당시 미군부대 식당에서 먹다 남은 것들을 종업원들을 통해 비공식으로 유출된 것으로서 집에서 양념을 넣어서 찌개로 끓여 먹기 시작한 것이다. 그러던 것이 대폿집 같은 데서 술안주로 팔기 시작된 것이다. 6.25 전쟁 중이나 전쟁 이후에는 모두가 다 가난 속에 하루하루 먹고 살기가 바쁜 그 시절, 비록 미군부대에서 흘러나온 음식일망정 이런 소시지나 햄은 쉽게 먹을 수 없는 좋은 식재료가 아닐 수 없었다. 그 당시로서는 웬만한 시골 사람들은 소시지고 햄이고 이름조차 생소했을 뿐더러 처음 먹어보는 사람이 많았다. 이런 소시지와 햄을 우리식 양념을 가미해서 끓여 놓은 찌개야 말로 대폿집에서 인기가 최고였다. 이름도 생소해서인가 달리 붙여줄 이름이 없다 보니 그 출처가 부대인지라 자연스럽게 부대찌개라 부르게 된 것이 지금에 와서는 고유명사가 된 것이다.

지금은 사라졌지만, 부대찌개에는 또 다른 이름이 하나 있었다. 월남 전쟁이 한참일 때 당시 존슨 미국 대통령이 동남아 6개국을 순방하면서 1966년 10월 31일 우리나라를 방문했다. 이때 우리나라에선 대대적인 환영을 했었다. 그리고 존슨 대통령이 자신도 농촌 출신이라며 농촌 방문을 원해서 경기도 화성군에 있는 안용리 농촌 마을을 방문하게 되었다. 마을 입구에 있는 안용중학교 운동장에 헬리콥터로 내렸을 때 주민들의 열렬한 환영을 받았다. 존슨 대통령은 그곳 주민들이 선물로 드린 사모와 관대를 입어보기도 하고 또 즉석에서 마을 노인 한 분과 함께 헬리콥터를 타고 주변을 한 바퀴 도는 정겨운 모습을 보이기도 했다. 지금도 안용중학교 뒷동산에는 "존슨동산"으로 명명된 공원이 있고 그 곳에는 그 당시 존슨대통령이 다녀간 기념비와 직접 제막식 테이프를 끊은 충혼탑이 서 있다. 그래서 그 이후 부대찌개는 "존슨탕'이라는 이름이 붙어 한동안 불러지더니 어제부터인지 슬며시 자취를 감추고 다시 부대찌개로 지금까지 이어오고 있다.

지금은 부대찌개가 프랜차이즈 음식이 되어 가맹점이 여기저기 생겨 성업을 이루고 있다. 거리나 시장 길을 지나가 보면 '모박사부대찌개', '송탄최내집부대찌개', '박가네부대찌개' 등의 찌개 집 간판을 본다. 서울 명동에도 '송탄부대찌개집'이 있다. 그러나 지금의 부대찌개는 소시지가 많이 들어가고 라면을 넣어서인가 그 맛이 초기의 대폿집 부대찌개 맛에 못 미치는 것 같다. 아무튼 요즘 부대찌개는 지난 날 미군부대 식당에서 흘러나온 먹다 남은 소시지나 햄으로 만든 게 아니다. 우리의 유명 식품회사에서 생산한 재료로 새롭게 개발한 프랜차이즈 찌개로 자리 잡을 정도의 음식이 되었다. 이제는 배고파 먹었던 지난날의 애환이 담겼던 부대라는 이름을, 그럴 듯한 다른 이름으로 바꿨으면 어떨까 한다.

# 김장하는 날의 즐거움

가을의 끝자락에서, 겨울을 맞이한다는 입동과 첫눈이 내린다는 소설이 든 11월, 집집마다 김장이 한창이다. 김장은 긴긴 겨울을 나는 동안 없어서는 안 될 우리 한국인의 식탁에 오르는 특등 부식이다. 김장의 주재료인 배추가 올해는 너무 잘되어서 값이 싸다 보니 소비자들의 입장에서는 마음이 놓이지만, 배추를 가꾼 농민의 입장에서는 생산가에도 미치지 못하는 배추 값에 실의와 고민이 이만저만이 아니다. 어느 해에는 배추가 대 흉작이라 한 포기에 3천 원, 4천 원 하기도 했었지만, 올해는 1,000원 미만으로 떨어져 있다. 그래서인가 배추 농가를 돕기도 하고 독거노인이나 불우이웃을 위한 김장 축제 행사도 곳곳에서 벌이는 훈훈한 김장철을 보낸다.

우리나라 고유의 음식인 김치는 그 종류도 많지만, 그중에서도 김장 김치가 김치의 대명사요, 으뜸이다. 배추는 다섯 번을 죽어야 비로소 제 맛을 낸다는 속설이 있다. 그 첫 번의 죽음은 밭에서 뽑힐 때이고, 두 번째는 칼로 쪼갤 때이고, 세 번째는 소금에 절일 때이고, 네 번째는 매운 양념과 짠 젓갈로 버무릴 때이고, 마지막 다섯 번째의 죽음은 사람의 입안에서 씹힐 때라 한다.

김치의 맛은 본체인 절인 배춧잎 여러 겹 속에 넣는 속 양념재료가 좌우한다. 속 양념재료로는 무채에 고춧가루와 갈고 썬 마늘, 생강, 파, 갓과 생굴, 젓갈 등을 적절한 분량으로 섞어 버무려서 만든다. 이렇게 만든 속을 절인 배추속대에 골고루 넣고 맨 겉잎으로 둘러싸서 김치 통이나 김장독에 차곡차곡 넣음으로써 일단 담그기를 끝내는 것이다. 예전에는 김칫독을 땅속에 묻고 담아 넣었으나 요즘은 김치냉장고가 나와서 한결 편리해졌다.

이와 같이 김장김치를 담그기에는 여러 과정을 거쳐야 한다. 김치는 기계화 과정으로 담그기가 불가능한 게 또한 특징이다. 배추를 쪼개고 씻는 과정은 기계가 할 수 있으나 나머지 과정은 모두 사람의 손을 거쳐야 한다. 그러기에 김장을 할 때는 품앗이로 이웃끼리 모여서 하거나 나가 사는 가족들이 다 한 자리에 모여서 하기도 한다. 주로 여자들이 하기에 김장 날은 아낙들의 노고요, 잔칫날 같다.

김장하는 날에는 노랗고 고소한 배추 속잎에 버무린 무채 양념을 싸서 먹는(속대쌈) 맛도 일미다. 김장을 하느라 배추를 절이고 씻고 속을 버무리고 넣고 하는 긴 시간에 싸인 피로를 풀기 위해 음식도 준비한다. 피로한 육체에 좋은 음식은 비타민 B1이 많은 돼지고기다. 돼지고기에는 소고기보다 비타민 B1이 10배나 더 많다고 한다. 돼지고기 삶은 수육에 속대쌈을 싸서 안주로 막걸리를 마시고 밥도 해서 식사도 함께 하면서 김장의 피로를 풀며 서로간의 친교를 나누는 일도 김장 날의 즐거운 한 행사다.

한 때 미국으로 이민 간 우리나라 사람들이 담가 먹는 김치의 그 특유한 냄새가 온 아파트 내를 진동시켜 이 냄새에 익숙지 않은 현지 사람들로부터 곤욕을 치렀다는 얘기가 있다. 그랬던 그 김치가 지금에 와서는 영양면에서 우수한 식품으로 인정되어 외국의 주부들이 우리나라에 와서 김치 담그는 수업을 받는 정도가 되었다. 또한 '김치'의 고유 상표로 수출까지 하고 있으니 김치의 위력을 새삼 느끼게 한다.

올해도 새로 담근 김치가 잘 익어서 이 겨울, 모든 사람들의 입안에서 속설대로 배추의 다섯 번째 죽음을 통해 그 신비한 맛을 내 주기를 기대한다.

# 윤달과 결혼식

영하 20도까지 내려가는 강추위가 좀처럼 물러설 것 같지 않더니만, 입춘 우수를 지내고 나니 맥없이 풀이 꺾이고 3월도 채 되기 전에 어느새 제주로부터 꽃소식이 들려왔다. 그와 함께 나에게도 일찌감치 결혼식 주례 부탁이 들어오기 시작했다. 결혼식은 으레 화창한 봄철이나 청량한 가을철에 하거늘 올해는 이상하게도 봄이 무르익기도 전 아직은 겨울의 끝자락에 걸려 있는 시기인데 왜 이렇게 결혼을 서두르는 것일까?

나는 제자들이나 친구의 자녀들 결혼식에 주례를 하지만, 올 3월~ 4월 중반까지는 토요일 일요일을 거의 주례로 보내고 있다. 내가 직업 주례였다면 대박이라 해도 과언이 아닐 것 같다. 알고 보니 올해는 음력으로 윤년이어서 음력 3월이 한 달이 더 들어 있어 그 윤3월 달을 피해 결혼 날짜를 잡았기 때문이다. 윤달은 태음력과 태양력의 오차를 보정하기 위해 두는 한 달을 말하는데 그 오차는 3년이 지나면 33일 간이나 모자라게 되어 약 3년마다 윤달을 두는 것이다. 윤달 드는 해는 어느 달을 한 달 더 두느냐에 대해서는 일정한 규칙이 있는지는 몰라도 열두 달 중 어느 한 달에 고정하여 윤달을 두는 것 같지는 않다. 그 예로 3년 전 2009년 윤달은 5월이었는데 금년 윤달은 3월이 아닌가.

그래서 윤달을 남는 달, 여벌 달이라 하며 심지어는 썩은 달이라고까지 불러왔다. 과학적으로 따지면 윤달을 두는 것은 당연한 이치이거늘 우리의 조상들은 윤달에는 모든 귀신들이 존재할 수 없고 따라서 활동이 정지되는 달이라고 믿어 왔다. 일상생활 속에서 악귀들의 해악을 두려워한 나머지 귀신을 달래고 귀신을 잘 모시는 한편 귀신을 피해서 손(날을 따라 사람을 해하는 귀신) 없는 날을 잡아 중요한 행사를 치르기도 했다.

따지고 보면 윤달은 귀신으로부터 해방된 달이다. 귀신이 없는 달이니 아무 때나 편안한 마음으로 날을 잡아 집도 수리하고 이사도 하고, 조상의 산소 이전이나 사초도 하고, 수의도 장만했다. 그렇다면 결혼식도 일생일대 중요한 대사이고 가문의 경사인데 자칫 귀신이 들어 액을 가져다 줄 수도 있지 않겠는가? 그런데 결혼식만큼은 윤달을 피해서 하는 이유는 무엇일까? 오히려 귀신이 없는 윤달이 더 안전할 것이거늘. 만약 부모님이 윤달에 돌아가셨다면 부모님의 혼신은 영영 사라져 제삿날에도 못 오실 것 아닌가?

그런데 결혼식만은 윤달을 피하는 데는 긍정적인 면도 있다. 결혼은 인륜의 대사요, 가문의 경사이거늘 돌아가신 조상의 혼신들도 마땅히 오셔서 축하해야 할 일이기에 혼신이 윤달에 묶여서 못 오시게 할 수가 없다는데 그 이유가 있는 것이다. 귀신을 움직이게 하는 인간들의 이런 교묘한 비법도 있으니 그 지혜가 참 놀랍지 않을 수 없다. 전지전능하다는 신도 때로는 무력할 때도 있고 인간이 하는 일을 모를 때도 있는 모양이다. 어찌 보면 사람이 먼저 귀신 없는 날(손 없는 날)과 귀신이 없는 달(윤달)을 알고 있으니 참 아이러니한 일이 아닌가.

종교적으로나 과학적으로 볼 때 허황된 믿음을 미신이라 하는데 사람들의 일상생활 속에는 미신이 언제나 존재한다. 우리나라뿐만 아니라 후진국은 말할 것도 없지만, 선진국에서도 쉽게 볼 수 있다. 불안하고 나약한 마음에서 어디엔가 믿고 바라고 의지하려는 마음 자체야 오히려 실용주의, 현실주의를 추구하는 사람보다 순수한 면이 있다고도 할 수 있을 것 같다. 다만, 너무 집착하는 데 문제가 있지 않겠는가.

조상의 혼신이 못 온다는 이유로 잡귀가 활동하는 달에, 그것도 손이 있는 날 없는 날 가릴 것 없이 힘들게 토요일 일요일을 잡아 결혼식을 올려야만 하겠는가? 오히려 모든 귀신이 활동을 하지 않는 평화롭고 안전한 윤달(양력 5월)에 함이 얼마나 여유롭고 안전하지 않겠는가.

원효대사가 당나라 유학을 가던 중 어느 빈집에서 자다가 목이 말라서 먹는 물인 줄 알고 마신 물이 아침에 깨어 보니 해골바가지에 고인 썩은 물이었음을 확인하고 "일체유심조(一切唯心造)라, 모든 것은 마음이 만드는 것"이라고 했다. 그리고 유학을 포기하고 되돌아왔다 한다. 윤달에 관한 미신도 마음이 만드는 것이라 여기면 아니 될 일인지? 올해는 윤달 덕에 일찍부터 제자들의 결혼식 주례를 여럿 했으니 나에겐 좋은 일을 많이 한 셈 아닌가.

# 도시락 이야기

드디어 초·중·고생들의 무상급식이 시작되었다. 학교에 따라서 실시 대상 학년의 차이는 있다지만 곧 전 학년 대상으로 실시할 것이라 한다.

도시락을 싸들고 다니던 시절, 무상급식이란 생각이나 해봤던 일인가. 이제 우리나라도 국민소득 2만 달러를 넘어서다 보니 사회 각 분야별로 복지 혜택이 가시화되고 있는 것이다. 도시락 없이 무상으로 학교에서 점심 식사를 하는 우리의 2세대를 보면서 흐뭇한 마음도 들면서 지난 시절 애환 서린 도시락의 추억이 떠오른다.

학창 시절의 추억들이 많지만, 그중에서도 도시락에 얽힌 추억도 쉽게 잊히지 않는 추억이다. 도시락에 관한 추억도 세대별로 다를 것이다. 나는 긴 네모꼴의 춤이 좀 높은 한얀 알루미늄 도시락 세대라고나 할까?

도시락의 모양도 모양이지만, 그 안에 담긴 밥과 반찬도 여러 가지 이야깃거리가 있다. 여간 부잣집이 아니고서는 하얀 쌀밥은 드물었고, 대부분 쌀이 약간 섞인 거친 보리밥에 때로는 감자 덩어리가 묻혀 있기도 했고 젓가락은 밥 표면에 대각선으로 눕혀져 앞면만 드러난 채 묻혀 있었다. 반찬은 하얀 종재기에 고추장이나 새우젓, 장아찌 정도가 보통이었고 계란 부침이나 소고기 장조림이라면 큰 부잣집 친구들 도시락에서나 볼 수 있었다.

그래도 점심시간이 기다려졌고 꾹꾹 눌러 담은 식은 거친 보리밥이지만 왜 그리도 맛이 있었는지, 먹고 나도 뱃속은 늘 부족감이었다. 하굣길에 빈 도시락 안에서는 반찬 종지와 젓가락과 알루미늄 도시락이 서로 부딪치며 내는 교향곡이 허기진 뱃속을 더욱 허기지게 했다.

지난 시절, 쌀이 부족해서 혼·분식을 적극적으로 장려했던 때가 있었다. 대중식당에서도 잡곡 혼식을 의무화했다. 또한, 이 무렵 분식집도 많이 생겼다. 이 혼식이행 여부를 확인코자 대중식당은 물론, 검열관들이 예고 없이 학교에도 들이닥쳐 학생들의 도시락을 검열했었다. 그 결과 잡곡 혼합 비율이 기준에 미달한 도시락이 적발되었을 시는 학교장이 인사 조치까지 되기도 했었다. 그러나 지금은 다 전설 같은 얘기가 되어 버렸다.

그동안 학교에서 도시락이 사라진 지도 꽤 되었고 실비에 가까운 유상 급식을 해 오던 중 많은 논란 끝에 이번에 일부나마 무상 급식으로 하게 된 것이다. 부잣집 아이들까지 공밥을 먹여야 하느냐는 문제와 그렇다고 아이들 간에 빈부를 따져 유상, 무상으로 가려서 급식을 해야 하느냐는 문제, 급식을 위한 예산 충당 문제 등으로 개운찮은 문제점들을 안고 출발은 했다.

그러나 시작하자마자 물가의 급등으로 식자재 수급의 차질이 와서 급식의 질 저하로 새로운 논란이 일고 있다. 무엇보다도 급식 지원비 증액이 급선무다. 결국, 염려했던 대로 올 것이 온 것 아닌가 한다. 교육 복지면에도 급식 이상으로 시급한 것도 많으련만 왜 그리 서둘렀는지 모르겠다. 도시락을 들고 다니는 번거로움이나 급식비를 매달 따로 내야 하는 부담을 덜어주는 것은 좋으나 그만큼 전체 국민의 부담이 커질 수밖에 없다.

조선조의 시인 김천택의 시조가 떠오른다. “잘 가노라 닫지 말며 못 가노라 쉬지 마라/ 부디 긋지 말며 촌음을 아껴 쓰라/ 가다가 중지 곧 하면 아니 감만 못 하리라” 여러 가지로 우리의 현실을 생각게 하는 시조다.

비록 거칠고 감자 덩이가 묻힌 보리밥에 고추장, 새우젓, 장아찌 반찬이었지만, 어머니의 정성어린 손길과 정이 담긴 그 도시락이 지금도 잊지 못할 추억으로 남는다.

# 폐지를 태우며

올해는 추위가 오래가는 바람에 봄다운 봄을 못 느끼며 벌써 5월을 맞이했다. 그래도 봄은 봄인지라 겨울 설거지를 해야겠다는 마음에서 먼저 책상 주변 정리 작업을 했다. 질서 없이 포개져 있는 책들, 서류, 신문지, 청첩장, 연하장 등 하나하나 분류하면서 둘 것과 버릴 것을 가렸다.

책은 분류해서 책꽂이에 꽂아 두면 되지만, 서류나 몇 장씩 모아서 된 회의자료, 보고서 그리고 청첩장, 연하장 같은 것은 꼭 보관할 필요성도 없지만, 막상 버리려니 마땅한 방법이 없다. 전 같으면 아궁이에 넣고 태우면 되겠지만, 지금의 주택 구조로 보아 불가능한 일이 아닌가. 폐지로 묶어서 내놓으면 폐품 수집하는 사람들이 잘 가져가지만, 폐지 속에 담긴 내용이 어딘가 알지 못하는 곳으로 가서 공개되지나 않을까 하는 조심스런 마음에서 선뜻 내놓을 용기가 서질 않는다. 그래서 생각 끝에 버려진 양철통(식용유통)을 주워다가 집 옥상에 놓고 양철통 속에 폐지를 한 장 한 장 뜯어 넣어가며 태웠다. 타고난 재는 흙에 섞어 화분흙으로 쓰니 일거양득의 효과가 되었다.

그런데 불에 태우면서도 종이가 너무 아까운 생각이 들었다. 요즘 종이는 거의 A4용지다. 거기다 한쪽 면만 프린터기에 인쇄해서 쓰고 뒷면은 하얀 깨끗한 용지 그대로이다. A4용지는 지질이 얼마나 좋은가. 옛날 물자가 귀하던 시절 같았으면 뒷면도 요긴하게 썼을 것이거늘, 태워버린다는 마음에서 죄책감 같은 느낌도 들었다.

종이가 귀했던 시절에는 공책도 마분지나, 좀 낫다는 게 갱지였다. 학교에 시험지도 마분지에 프린트해서 사용했기에 잘못 써서 지우개로 지우다 보면 찢어지기 일쑤였다. 마분지는 원료가 펄프가 아닌 짚이나 폐지로 만든 것이기에 지질도 나쁘고 잿빛의 거친 바탕의 용지다. 그래서 공책이나 시험지 공문서 같은 사무용지로는 부적합한 종이였으나 워낙 물자가 귀한 시절이었으니 그러려니 하고 쓰는 수밖에 없었다. 그나마도 아껴야 했기에 다 쓰고 난 공책은 서예시간에 서예 연습을 했다. 그리고 화장실의 화장지로도 요긴하게 썼다.

이런 어려웠던 시절, 가끔 미군 부대에서 자매학교 방문 때 선물로 가져오는 학용품이나 종이를 보면 지금 우리가 쓰는 것이나 다를 바가 없지만, 그 당시는 그 재질의 우수성을 한눈으로 느낄 수가 있었다. 무엇보다도 종이는 지금 A4용지 그대로였다. 당시로는 이런 용지를 처음 보는 것으로 감히 함부로 쓸 엄두를 못 내고 아까워서 보물 보관하듯 하기도 했다.

요즘처럼 풍요로운 시대에 살다 보니 옛날 못 살았던 시절의 삶을 떠올리며 비교하게 된다. 그래서 당장 사용도 안 하고 또 앞으로도 더 쓸 필요성도 없는 물건에 대해서도 애착을 갖고 버리지 못하고 쌓아 두어 젊은이들한테 빈축을 산다. 더러는 아까운 마음에서 새것 좋은 것 놓아두고 굳이 퇴색된 낡은 것을 사용하는 궁색한 모습을 보임이 구세대들의 특성이다. 그러나 구세대들에게는 지난날의 어렵게 살았던 시절, 아끼고 절약하던 잔존의식이 화석처럼 굳어진 채 마음속에 남아 있기 때문이다.

지금 젊은 신세대들은 이 시대가 그들의 삶의 출발점이기에 그 이전의 생활상은 보지도 못했고 경험도 없다. 그들에게는 후대에 가면 지금 이 시대가 비교의 기준이 될 것이다. 인류의 역사가 존속되는 한 퇴보는 없을 것, 지난 것에 집착하기보다는 더 발전할 미래를 바라보며 사는 게 현명할 것 같다.

《문학공간》 2010

# 아쉬움은 여운으로

며칠 전 친구 하나가 졸지에 세상을 떠났다. 떠나기 전 날 저녁만 해도 친구들과 같이 저녁식사도 하고 술도 한 잔 잘 나누고 헤어졌다. 그런데 다음날 아침 친구의 딸로부터 운명했다는 전화를 받고 보니 좀처럼 미덥지가 않고 정신이 멍하며 손이 떨리고 다리가 후들거림을 느꼈다.

자세한 사인은 나중에 알았지만, 아침에 늘 가던 대중목욕탕에 갔다가 별 이상한 징후도 없이 탕 안에서 탕 벽에 등을 기댄 채 앉아 잠자듯이 숨을 거뒀다는 것이다. 심장마비를 일으킨 것이다. 누구에게도 남긴 말 한 마디 없이, 아무도 지켜보는 사람 없이 이렇게 허무하게 간 것이다.

누구에게나 친절하고 자상하며 성품이 온유하여 생전 누구와 말시비를 하는 경우도 없는 사람이다. 그래서 친구도 많고 친목 모임도 많았다. 옷매무새도 용모도 늘 단정하고 주변 정리도 말끔해서 어디 한 구석 허술한 데가 없었다. 친구들과 식당에 가서 회식을 해도 가위를 가져다가 손수 긴 김치를 먹기 편하게 자르고 고기에 시커멓게 탄 부분을 잘라내고 식사가 끝날 무렵이면 어김없이 이쑤시개를 가져와 일일이 나눠 주었다.

노래방에 가면 마이크를 독차지 하다시피 하며 노래도 즐겨 불렀고 율동도 잘 하며 술도 적절히 마시는 등 풍류도 즐길 줄 아는 멋쟁이였다. 좋은 점만으로 똘똘 뭉친, 정말 인간미 있고 정이 넘치는 친구였다. 그랬기에 그를 잃은 것이 더 애석하고 못내 아쉬움으로 남아 아직도 마음 한 구석이 텅 빈 것 같고 금시라도 전화로 그의 음성이 들려올 것만 같다.

사람들로부터 욕 많이 먹는 사람이 명이 길다는 속설이 있다. 또 잘 익은 과일이 먼저 떨어진다는 말도 있다. 그래서인가. 생전 누구에게 욕먹을 사람도 아닐 뿐, 남을 괴롭힌 사람도 아니다. 그저 다정다감하고 사람 냄새가 물씬 풍겼던 그였다.

요즘, '구구팔팔이삼사'라는 유행어가 있다. 99세까지 팔팔하게 살다가 2~3일 앓다 죽는다는 뜻이다. 그러나 그것은 희망사항일 뿐, 더러 그런 복된 종말을 맞는 사람도 있지만 지극히 드문 일이다. 그렇게만 된다면 누가 늙기를 두려워하고 죽기를 서러워할 것이며 예서 무슨 미련이나 여한이 있을 것인가.

마지막 가는 길에 며칠만이라도 병석에 누워, 가족들의 정성스런 효도의 기회마저 주지 않고 유언 한 마디 없이 가는 것이 아쉽다 하겠지만 그러나 그것은 산사람들의 욕심에 불과한 것, 오히려 못다한 아쉬움은 긴 여운으로 가슴 속에 남을 수 있을 것이다.

# 무소유의 역리(逆理)

법정 스님은 입적한 후 그분의 유언에 따라 수의도 관도 없이 그리고 장엄한 장례식도 없이 송광사 조계산 자락에서 다비(茶毘)함으로써 이승을 떠나셨다. 사리도 수습하지 말라 하였기에 유골만 수습했는데 그나마도 분쇄하여 49재 이후 산골(散骨)한다고 한다.

법정 스님께서는 어느 사찰의 주시 스님을 하시지도 않았다. 산속 암자에서 홀로 수행하며 때로는 강연도 하고 봉사 활동도 하셨다. 그리고 탁월한 문장력으로 글을 쓰시고 책을 펴내시는 문필가요, 학자요, 사상가로서 일반인들에게 널리 알려지신 분이다. 특히 스님이 펴내신 30여 권의 저서 중에 대표작으로 알려진 수필집 《무소유》는 그동안 많은 사람에게 읽혀진 베스트셀러 중의 하나다. 그만큼 무소유는 법정 스님의 나

눔과 비움의 정신이요 삶의 모습이다. 이 책이 스님이 입적하시자 서울의 대형 서점에서 모두 품절되었다 한다. 이렇게 구매 열풍이 일자 그동안 스님의 저서를 출판했던 출판사에서 다시 인쇄를 계획했다가 '내 저서를 모두 절판시키라' 라는 유언 때문에 중단 상태라 한다. 법정 스님의 저서가 절판되어 희귀본이 될지 모르는 터에 나는 일찍이 범우사에서 출판한 문고판으로 된 수필집 《무소유》를 한 권 소장하고 있으니 이 얼마나 다행스런 일인가.

그렇다고 법정스님은 무조건 무소유만은 아니었다. 원고료나 출판되는 저서의 인지대는 적지 않은 액수로 스님의 통장에 입금되었지만, 이 돈은 수백 명 학생들의 장학금으로 모두 지급되었다 한다. 그것도 누구에게 지급되었는지 증서도 기록도 남기지 않고 기억조차도 하지 않았다고 한다.

법정스님의 〈무소유〉라는 제목의 수필에는, 스님이 '다래원' 으로 옮겨 왔을 때 어느 스님이 난초 두 분을 보내와서 3년 가까이 정성스레 기르던 이야기가 있다. 장마가 개인 어느 날 봉선사로 운호노사(耘虛老師)를 뵈러 갔다가 한낮이 되자 햇볕이 쏟아져 내림을 보고 문득 난초를 밖에 내놓은 채 나온 것이 생각났다. 지체 없이 허둥지둥 집에 와서 보니 난초 잎이 축 늘어져 있어서 이 모습을 보고 안타까워하며 샘물을 길어다 축여 주었더니 고개를 들며 살아나더라는 것이다. 이때 온몸으로 마음속으로 집착이 괴로움인 것을 절절이 느끼게 되었고 자신이 난초에 너무 집착했음을 알고 이 집착에서 벗어나기로 결심을 했다. 난을 가꾸면서는 산철(僧家의 遊行期)에도 나그네 길을 떠나지 못한 채 꼼짝 못했으며, 밖에 볼 일이 있어 방을 잠시 비울 때면 환기가 되도록 들창문을 조금 열어 놓아야 했고, 화분을 내 놓고 나갔다가 뒤미처 생각하고는 되돌아와 들여 놓고 나간 적이 한두 번이 아니었다. 이런 집착을 벗어나고자 하던 차에 마침 친구가 왔기에 선뜻 난초 분을 내주고서야 비로소 얽매임에서 벗어난 홀가분한 마음이었다고 했다. 이때부터 하루 한 가지씩 버리겠다고 스스로 다짐했고 난을 통해 무소유의 의미 같은 걸 터득하게 된 것이 아닐까 라고 스님의 심경을 토로했다. 법정 스님은 이 글 끝에 이렇게 썼다.

우리의 소유관념이 때로는 우리의 눈을 멀게 한다. 그래서 자기의 분수까지 들뜨게 되는 것이다. 그러나 우리는 언젠가 한 번은 빈손으로 돌아갈 것이다. 내 이 육신마저 버리고 훌훌히 떠나갈 것이다. 하고많은 물량일지라도 우리를 어떻게 하지 못할 것이다.

크게 버리는 사람만이 크게 얻을 수 있다는 말이 있다. 물건으로 인해 마음을 상하고 있는 사람들에게는 한 번쯤 생각해볼 말씀이다. 아무것도 갖지 않을 때 비로소 온 세상을 갖게 된다는 것은 무소유의 역리이니까.

6부

# 나그네 설움

# 가을의 단상

계절의 변화처럼 분명한 것은 없는 것 같다. 불과 며칠 전까지만 해도 따가운 햇볕이 싫어서 그늘진 길 건너편 보도를 일부러 건너가서 다녔는데 갑자기 쌀쌀해진 날씨 때문에 이젠 볕이 드는 쪽 보도를 찾아 걷게 된다. 지난여름 더위는 우리나라 기상관측상 최고로 더웠다는 기록답게 가을의 문턱이라는 입추를 지나 처서도 지나고 추석을 지나서까지도 버티더니 추분을 지나서야 겨우 자취를 감추고 뒤늦게 선선한 초가을을 맞이하게 했다. 이상기온이요 지구온난화현상이요 해서 간혹 제 철답지 않게 폭우나 폭설, 강풍, 혹한 등 계절특성과는 관계없는 기상 이변이 있기는 하지만 그래도 그것은 그때뿐이요 사계절의 변화 주기나 계절의 특성까지 근본적으로 그 질서를 잃는 법은 아직까지는 없다.

일 년 사계절 중 가장 좋은 계절을 택하라면 사람마다 각기 다르겠지만 대체로 가을을 택할 것 같다. 가을의 좋은 점을 이루 다 말할 수는 없겠지만 우선 체감으로 느끼는 기온이 좋고 다음은 푸르고 드높은 하늘과 맑은 공기 그리고 산과 들의 각종 수목과 잡초에 이르기까지 그 나름대로의 간직했던 고운 색깔들을 드러내 전체가 아름다운 자연의 조화를 나타냄이다. 긴 여름 동안의 폭서와 장마 속에 시달렸던 지친 육신인지라 이렇게 찾아준 이 천사 같은 가을이 더없이 반갑고 보내고 싶지 않아 한 순간이라도 더 같이 있고 싶은 간절한 심정이다.

특히 곱디고운 단풍을 보면 그냥 지나칠 수가 없다. 그래서 사람들은 이 단풍에 매료되어 산을 찾는다. 가을 중에서도 늦가을에 단풍은 최고의 아름다움을 뽐어내며 사람들의 눈과 마음을 황홀경에 젖어 들게 해 준다. 또한 가을은 온천지가 티 없이 맑고 고움 속에 어디든지 떠나고 싶고 누구와도 만나면 차라도 마시고 술이라도 한 잔 나누며 정담을 나누고 싶은 충동을 받는다. 그러면서도 떨어지는 낙엽이 스산한 바람에 이리저리 뒹구는 모습을 보면서 적막과 고독감을 느끼면서도 다가가고 싶은 구심력에 빨려들게 한다.

따뜻하고 화사한 날씨지만 변덕이 심한 봄, 싱싱한 녹음을 주지만 더위로 고통을 주는 여름, 백설의 정결함과 그 운치는 일품이지만 북풍한설로 몸과 마음을 움츠리게 하는 겨울, 이

계절에서 풍기는 느낌은 세상 사람들의 모습을 보는 듯싶다. 속설에 봄은 수줍음을 지닌 처녀로, 여름은 풍성하고 정이 넘치는 어머니로, 가을은 고독한 미망인으로, 겨울은 냉랭한 계모로 비유하기도 한다. 사람도 늘 함께 있어주었으면 하는 사람이 있는가 하면 이젠 좀 떠나 주었으면 하는 사람이 있듯이, 일 년 사계절과는 필연적으로 만나며 살아야 하지만 여름과 겨울은 만나기 싫은 게 나의 심정이다. 기다려지고 만나면 보내고 싶지 않은 가을, 그러나 보낼 수밖에 없는 가을이기에 더 정겹고 아쉬운 마음이다.

# 사라져간 여름의 추억 2제

지구가 온난화되어 간다고 해서 이 시대의 새로운 고민거리가 되고 있지만 그래도 아직은 사계절이 변함없이 찾아오고 계절마다 주는 그 독특한 감각은 우리에게 삶의 묘미를 가져다준다.

한편 문명의 발달은 삶을 윤택하게 하고 편리하게 해 주지만 자연 속에서 우러나는 그 감칠맛을 잊어버리게 해 줄뿐더러 자연에 대한 적응력마저 무디게 해 주고 있다. 지금은 예전에 비해 여름이 아무리 더워도 더위를, 겨울이 아무리 추워도 추위를, 그다지 심하게 못 느끼며 살고 있다. 그만큼 인위적인 냉 · 온방 시설을 잘 갖춘 덕이다. 음식도 그렇다. 예전엔 제철에 먹는 음식이 따로 있었는데 요즘은 사철 생산이 가능한데다 장기보관 또한 가능한 시대가 되었으니 특별히 계절음식이랄 것 없이 사철 먹을 수가 있어 음식을 통한 계절의 감각도 제대로 느낄 수가 없다.

이 여름도, 역시 장마와 함께 계속되는 폭염으로 피로와 불쾌감을 주는 것은 예나 지금이나 변함이 없지만, 그런 속에서도 여름철에만 느꼈던 어린 시절의 추억이 떠오른다. 그 하나로, 들녘에 나가면 강열한 태양 아래 녹색으로 펼쳐진 원두밭(참외, 수박, 오이, 호박을 심은 밭) 머리에 서있는 정겨운 원두막이다. 사다리를 타고 서너 계단 올라가면 한 평 남짓한 사각의 마루 위로 야트막하게 얹힌 초가지붕은 태양을 가리고 사방은 탁 트여 계속 시원한 바람이 지나간다. 밭에 내려가 잘 익은 참외나 수박을 따다 먹어 가며 장기도 두고 책도 보고 방학 숙제도 하다가 시원한 자연 바람을 쐬며 자는 한 숨의 낮잠은 여름철만이 주는 행복감이었다.

또 한 가지, '아이스케이크'이다. 그 당시는 틀린 발음이지만 '아이스께끼'라 불렀다. 설탕물에 향신료와 색소를 첨가하여 만든 원액을 15cm가량의 원통 양철 본에 넣어 나무젓가락을 꽂아 얼려서 뽑아낸 얼음덩이에 불과했지만, 이 역시 잊지 못할 추억의 여름철 빙과였다. 지금은 사라졌지만 그 달콤하고 향긋한 맛이 얼음 속에 응고되었다가 입안에서 부서져 녹아 시원하게 퍼지는 그 맛의 향수는 아직도 뇌리 속에 남아 있다. 물론 지금의 여러 종류의 아이스바에 비하면 비할 바가 못

되지만…, 이것을 네모진 얼음 궤에 담아 어깨에 걸머메고 "아이스께끼! 아이스께끼!" 라고 외치며 팔고 다녔다. 빙과라고는 먹을 게 별로 없던 그 시절, 한여름에 이것 하나 사 먹는 맛이 별미였다. 요즘이야 다양한 종류의 맛있고 영양도 풍부한 빙과들을 사철 사먹을 수가 있지만 그 당시야 그나마 여름철이 아니면 사먹을 수도 없었다.

세월의 흐름 속에 각 분야에 많은 발전을 가져왔고 따라서 사람들의 생활 문화도 엄청나게 향상되었다. 어린 시절에 사용하고 눈에 익었던 생활 도구들, 먹었던 간식류들, 아직도 눈에 선하건만 어느새 자취를 감추고 지금은 민속촌이나 민속박물관에 전시된 당시의 생활 도구들, 생활 모습이 담긴 사진을 통해 보며 옛 추억을 되새겨 볼 뿐이다.

뒤늦은 장마 속에 30도가 넘는 폭염이 계속되는 무더운 이 여름에 지금은 사라져 없지만 지난 어린 시절의 추억으로 '원두막'과 '아이스께끼'의 향수를 되새기며 더위를 달래 본다.

# 느림의 문화

중국을 흔히 느림의 문화(만만=慢慢)라 한다. 급한 게 없이 느리고 게으르다는 뜻이다. 그런가 하면 우리나라는 빨리빨리 문화라 한다. 공식으로 정해진 것은 없지만, 그렇게 부르는 것뿐이다. 그렇다 해도 그 이면에는 다 그럴만한 이유가 있는 것이다. 이런 문화는 국민성이나 사회 환경에서 오는 경우가 많다. 최근에 중국 태항산을 관광으로 다녀왔다.

태항산은 태항산맥에 있는 산으로, 태항산맥은 중국의 산동성과 산서성의 경계에 위치하며 북에서 남으로 뻗어 남북으로 600km, 동서로 250km나 되는 거대한 산맥이다. 태항산은 이 산맥 속의 일부이며 협곡으로 이뤄져 중국의 그랜드캐년이라 부를 정도다. 태항산은 특히 많은 기기묘묘한 봉우리들이 치솟고 협곡을 이룬 산허리의 바위들은 납작한 구들장 모양을 하며 겹겹이 쌓여 수십 미터나 되어 보이는 수직 절벽을 이루고 있어 경관이 빼어나고 신비스럽기조차 한 산이다.

일일이 다 그 아름다움과 신비로움을 표현할 수는 없지만, 특히 그 험준한 수직 절벽의 암석을 순전히 수작업으로 뚫어 길(괘벽공로=掛壁公路)을 내어 지금은 차가 다닐 정도가 되었으니 중국인들의 상상을 초월하는 지구력과 인내력에 감탄을 안 할 수가 없었다. 그 동굴 속 길은 고산족 청년 주민 13명이 타 지역 사람들과의 교류를 위해 21년간을 수작업으로 1300m나 되는 동굴을 뚫은 것이라 한다. 그리고 중간 중간에 4각의 커다란 창을 뚫어 햇빛이 들어오게 했으며 한편 바로 아래 현기증이 날 정도의 깊은 수직 암벽의 협곡과 건너편 암벽과 산봉우리의 절경을 볼 수 있게 했다. 이 동굴로는 만선산에서 왕망령으로 가는 길로 '비나리길'이라 하는데, 이 길은 처음엔 이름이 없었는데 우리나라 비나리관광회사에서 이 지역에 관광을 개척하면서 붙인 이름이라는 데서 더욱 정감이 든다. 태항산에는 이런 동굴로가 1개 더 있는데 이곳 역시 주민 중에 한 부자가 자비로 주민들과 함께 곡괭이로 작업하여 뚫어서 완공하여 정부에서 이 공을 치하하여 동상을 세운 곳도 있었다.

말이 그렇지 그 험준한 암벽을 현대식 장비로도 어려울 텐데 곡괭이로 수작업을 통해서 기약도 없이 완공되는 날까지 순전히 마을 사람들의 인력으로 뚫었다니 상상이 가질 않는다. 이것이 바로 중국인들의 만만 정신이 아닌가 한다. 중국인들의 만만은 우리가 생각하는 단순한 느림, 게으름이 아닌 황소 같은 느림과 지구력이 아닌가 한다.

중국은 산뿐 아니라 국토가 워낙 넓다 보니 명절이 되어 고향에 가는 길도 지역에 따라서는 타고 걷고 하면서 보름도 한 달도 걸려서 간다. 그러니 빨리 가겠다고 해서 될 수도 없는 일이니 조급증이 있을 것 같지가 않다. 여기에 비하면 우리는 국토가 좁은 데다 요즘 같이 교통이 편리한 세상이다 보니 차만 타면 불과 몇 시간 내에 도달이 안 되는 곳이 없다. 이렇다 보니 더 속도감을 느끼게 되고 매사에 시간 단축을 요구하게 되는 것이다. 이런 환경 여건에서 사는 중국인과 우리 한국인 사이에 느림의 문화와 빨리의 문화가 형성된 게 아닌가 한다.

빠름과 느림은 각기 장담점이 있기에 특별히 어느 쪽은 좋고 어느 쪽은 나쁘다고 단정을 지울 수는 없다. 다만, 우리의 경우 빨리 문화 속에 남보다 앞서겠다는 욕심으로 지나친 경쟁심과 이기심에서 남을 배려하며 양보하려는 마음이 없는 점이다. 이점은 바로 사회 병리현상으로 발전되며 여러 가지 부작용을 일으킨다. 중국여행 중에 본것들이 많았지만 우리나라에서 흔히 보는 시위 장면이나 반대 구호를 쓴 현수막 같은 것은 별로 볼 수 없었다. 원래 느리다 보니 매사에 감각이 무디고 무관심해서일까?

# 가을과 은행나무 가로수

청량한 날씨와 푸르디푸른 드높은 하늘, 울긋불긋 오색의 단풍, 이것이 자연이 우리에게 주는 더없는 가을의 선물이 아닐 수 없다. 그 중에서도 특히 도심에 사는 사람들은 가을이 되면 가로수의 노랗게 물든 부채 모양의 은행잎에 한없이 매료된다. 나뭇가지에 수북이 달려 있을 때도 그렇고 낙엽으로 우수수 떨어져 온통 노란색으로 보도를 뒤덮어 그 위를 밟고 걸어가는 기분이야 도심에서 어디에 더 비하랴. 은행나무의 낙엽은 쉽게 사그라지지도 않아서 오래도록 그 정취를 느끼게 해 준다. 어린 시절 노랗게 물든 예쁜 은행잎을 주워다가 책갈피에 끼워두었던 기억이 누구에게나 다 있었을 것이다.

어느새 가을에 들어섰지만, 가로수의 은행잎은 아직은 짙은 노란 물은 들지 않았다. 그러나 은행 열매는 벌써 노릇노릇 익어 더러는 인도에 떨어져 사람들의 발길에 밟혀 흉한 모습으로 일그러져 악취를 풍기고 있다. 몇 해 전까지만 해도 새벽이면 사람들이 장대를 들고 나타나 채 영글지도 않은 은행을 털어서 쓸어 담아 가곤 했는데 요즘은 그런 모습을 볼 수가 없다. 아마도 자동차 매연으로 인한 중금속 물질의 오염되었다는 소문에서일까? 아니면 무단 채취로 인한 처벌이 두려워서일까?

은행나무는 자웅이주(雌雄異株)라해서 암나무와 수나무가 따로 있어서 암나무에는 암꽃이 피고 수나무에서는 수꽃이 핀다. 자연 열매는 암나무에서만 열리게 된다. 꽃은 5월에 피지만 작고 색깔도 엷은 녹색이라 잘 보이지도 않고 볼품이 없다. 암나무 수나무가 따로 서 있어도 수꽃의 꽃가루가 암꽃에 수분되려면 바람에 날려서 운반되기 때문에 풍매화라 한다. 그래서 은행나무는 마주보고 있어야 열매가 맺는다고 했다. 이에 비유하여 사람도 마주보고 대하여야 인연이 깊어진다고 한다. 또 예부터 은행나무는 천심을 하강시키는 신목으로 여겨 관가나 서당, 향교의 뜰이나 마을 어귀에 심었다. 그래서 지금도 시골에 가면 옛 면사무소 마당, 서당이 있던 자리 그리고 역사 오랜 초등학교 운동장엔 어김없이 오래된 은행나무를 볼 수 있다.

은행 열매의 겉 부분을 싸고 있는 노란 과피는 악취와 독성이 있어서 먹을 수 없고 우리가 먹는 부분은 과피 가운데에 씨에 해당하는 딱딱하고 흰 껍질 속에 있는 부분인데, 열에 익히면 연두색의 연한 육질로 변하여 존득존득해서 씹는 맛과 담백한 맛이 어울려 얼마든지 먹어지는 묘미를 가졌다. 게다가 은행은 진해 강장의 보약이 되기도 하고 야맹증에도 효과가 있다고 한다. 또 은행잎에는 혈액순환제의 성분이 함유되어 있어 이 성분을 추출하여 혈액순환의 효능이 있는 의약품을 생산하기도 하고 뿌리 또한 허약을 보하는 약제로도 쓴다 한다. 이토록 은행나무는 자체 각 기관이 우리에게 여러 가지로 유익함을 주는 좋은 나무이다.

은행나무는 나무 자체로 보아도 지구상에 현재 생육하고 있는 나무 중에서는 지구의 생성 과정인 지질시대의 고생대 말기서부터 빙하기를 거쳐 지금까지 살아남은 최장수 수목의 하나이다. 나무의 모양도 수려하여 품위도 있고 여름철에는 녹음을, 가을에는 아름다운 노란색 단풍과 맛있고 약효도 있는 열매를 제공하며 병충해도 없다. 그러기에 가로수로는 더없이 좋은 조건을 가진 나무이다. 다만 흠이 있다면 떨어지는 열매에서 악취가 난다는 것뿐이다. 그래서 어느 도시에서는 시민들이 그 냄새 때문에 가로수 교체를 주장한다고도 한다. 이처럼 다 좋은데 단지 그 열매에서 나는 악취가 문제다. 원래 은행나무는 꽃이 피거나 열매가 열리기 전에는 암 수 구별이 쉽지 않는다. 그런데 최근 산림과학원에서 DNA를 분석하여 은행나무의 암나무와 수나무를 조기에 구별할 수 있는 방법을 연구해 냈다 한다. 앞으로 도시의 가로수용으로는 열매가 맺지 않는 수나무를 심고 농촌지역에는 열매가 맺는 암나무를 심어 수익성을 올릴 수도 있는 좋은 해결책이 나올 것 같다.

신은 세상 만물을 창조함에 어느 한 개체에게 장점만 다 갖추어 주지 않고 장점과 단점을 다 준 것 같다. 사람도 보면 인물이 잘 났으면 재능이 좀 부족하고, 재능이 출중하면 신체가 허약하고, 마음은 한없이 어질고 착한 반면 재물 복이 없고, 한편 성격이 포악하고 독선적인데도 재물 복을 타고난 사람도 있다. 이처럼 골고루 다 좋게 갖춘 완벽한 사람은 거의 없다. 동물이나 식물의 경우에도 이와 같은 모양으로 살아가는 모습을 본다.

신이 개체 개체에게 완벽함을 안 준 것은 서로의 부족한 점을 보완하면서 형평을 이루며 살아가라는 뜻으로 그런 것이 아니었을까 한다.

# 지난 달력 낱장을 떼어내며

평상시에는 잘 모르겠는데 달이 바뀌면서 지난 달력 낱장을 떼어낼 때면 '날짜가 참 빨리 가는구나' 하는 것을 느낀다. 금년 들어서도 벌써 두 번째 달력 낱장을 뗀다. 요즘은 달력도 여러 가지 종류가 나온다. 특별히 돈을 주고 사지 않아도 연말이면 은행에서, 직장에서, 이런저런 기관이나 단체에서 자기네 자호가 들어간 달력을 만들어서 제공하기에 쉽게 얻을 수가 있다.

달력 중에는 명화나 미인이 인쇄된 달력도 있고 그림은 없지만 양력과 음력 날짜가 함께 들어 있는 큼직한 달력도 있어 특히 노년층이 보기 좋게 된 것도 있다. 또 책상 위에 세워 놓고 매달 각 날짜의 칸 여백에 일정을 적어 넣어 잊어버리지 않고 실행할 수 있게 된 것도 있다. 무엇보다도 요즘 달력은 지질이 좋은 아트지로 되어 있어서 달이 바뀌어 지난 달력을 뜯어낼 적마다 그냥 버리기가 너무 아까워서 혹시 쓸데나 있을까 하고 한 구석에 모아 두는 때도 있지만, 나중에는 별로 쓰지도 못하고 결국 묵은 신문에 끼워 폐지로 버리곤 한다.

이럴 때마다 지난 초등학교 시절부터 중·고등학교를 거치는 동안 변변한 노트(그 당시는 공책이라 했음) 한 권 써 보지 못한 기억이 떠오른다. 문방구점에서 파는 노트가 있었지만 그나마도 돈 주고 사기가 여의치 않아 지물포에 가서 재생지인 누르스름한 갱지나 그보다도 더 질이 낮은 거무스름한 색깔의 거친 선화지를 사다가 노트 크기만 하게 잘라서 실로 꿰어 맨 자작 노트를 써야 했다. 갱지나 선화지는 노트로 뿐만 아니라 학교에서는 시험지나 공문서 용지로도 사용했다. 그리고 다 쓰고 난 노트는 버리지 않고 습자 연습지로 사용했다. 그 당시도 희고 좀 두껍고 매끈한 모조지라는 게 있었는데 이 모조지는 비싸서 좀처럼 사서 쓰질 못했다. 이 시절, 어쩌다 인근 미군 부대와 자매결연이라도 맺으면 가끔씩 학용품과 종이를 선물로 가져왔는데 모두 처음 보는 고급품이라 정말 눈이 휘둥그레질 정도였다. 이 용지는 지금 우리가 사용하는 A4용지이다. 이런 용지 중엔 여러 가지 색이 입혀진 용지도 있었다. 이 귀한 종이를  함부로 사용하기에는 너무 귀하고 아까워서 학교의 큰 행사가 있을 때 안내장이나 순서지를 제작하는 데 쓰기도 했다.

8.15 해방, 6.25 전쟁, 5.16혁명, 70~80년대 산업화에 이르는 동안 나라의 열악한 경제 사정으로 온 국민이 가난을 면치 못하고 살았다. 5.16 직후에, 그리고 새마을 운동이 한참 벌어질 때만 해도 물자절약 운동을 정책적으로 추진하면서 용지의 절약 운동도 철저했다. 학교도, 관공서도, 모든 용지는 반드시 양면을 다 사용하되 그것도 되도록 여백을 많이 남기지 않도록 사용케 했다. 심지어는 야간에 암행 감사반이 학교나 관공서에 침투하여 휴지통이나 책상 서랍을 뒤져 몇 자 쓰지 않고 구겨서 버렸거나 찢어버린 용지를 발견하면 그 당사자를 색출해서 징계조치를 했다.

이러던 시절을 거쳐 종이의 역사는 흘러 옛날의 최고급 용지인 모조지보다도 더 고급지인 오늘의 A4 용지나 아트지를 넉넉하게 사용하는 시대가 되었다. 지금은 모든 문자를 손으로 쓰는 시대가 아니고 타자하여 바로 인쇄가 되는 시대이니만큼 A4 용지 같은 지질이 아니고서는 불가능한 것이다. 풍요로운 이 시대에 살다 보니 종이 한 장, 휴지 한 장 쓰는 것, 아까운 생각 없이 한낱 길가의 풀잎 하나 뜯어 버리듯이 쓴다. 뜯어 버리는 달력 낱장의 눈처럼 희고 두껍고 반질한 그 멀쩡한 뒷면, 옛날 같았으면 얼마나 요긴하게 썼을까 하는 생각을 해 본다.

# 저 낙엽들이 다 내 돈인데요

"선생님, 안녕하세요?"

"어! P군, 일찍 나왔네, 요즘, 한참 낙엽이 많이 떨어져 쓸어내기에 힘들겠어."

"아니요, 저 낙엽들이 다 내 돈인데요."

늦가을, 새벽 운동 길에서 집 앞 도로가의 낙엽을 쓸고 있던 환경 미화원과 나눈 짤막한 대화였다. 그의 밝은 낯빛에 나름대로 유머 섞인 말이 운동 길 내내 나의 마음을 훈훈하게 해 주었을 뿐더러 걷는 동안 이런저런 생각 거리를 주었다.

왜, 낙엽을 돈이라고 했을까? 쓸어도 또 쓸어도 계속 떨어져 쌓이는 낙엽, 나라도 짜증이 나고 귀찮아서 당장 빗자루를 던져버리고 싶었을 것이거늘, 그는 그런 기색이 전혀 보이질 않았다. 오히려 무엇이 즐거운지 콧노래까지 하며 기운차게 쓰는 것이다. 정말 그의 마음속에는 낙엽을 돈으로 여겼는지 모른다. 돈을 쓸어 담는 마음이라면 무엇이 짜증이 나고 귀찮겠는가. 돈의 뒤에는 생계라는 것, 직업이라는 것이 도사리고 있을 것이니 말이다, 나중에 듣고 보니 아들이 대학생이고 딸은 고등학생이라 한다.

지난날 나의 교사 시절이 떠올랐다. 똑같은 단원을 가지고 하루에 네, 다섯 반을 드나들며 수업을 하다 보면 후반으로 가서는 지루하기도 하고 지치기도 했다. 게다가 아이들이 수업태도라도 진지했으면 좋았으련만, 이 구석 저 구석에서 장난치는 녀석, 조는 녀석, 수업준비도 제대로 안 해온 녀석들이 있어 이 녀석들하고 실랑이를 하다 보면 그 시간 수업량도 다 못하고 끝나기도 하거니와 마음도 편치가 않았다. 때로는 내가 왜 이 길을 택했나하는 후회를 할 때도 있었다. 자기 직업에 만족해하는 사람이 몇이나 될까? 그래서 한 직장에서 3년 나기가 어렵다는 말이 생겨 나오지 않았나 싶다.

한 시간여를 걷고 돌아온 길가에는 여전히 낙엽이 떨어지고 제자 또한 여전히 낙엽을 쓸어 담고 있었다. 나는 그가 너무 안쓰러워서 "좀 쉬었다 하지." 그랬더니 그의 대답은 "괜찮습니다, 3-4일만 이렇게 하면 그 후에는 낙엽이 다 지거든요." 그에게는 지치거나 힘들어하는 기색도 없었고 쉬어가면서 대충하겠다는 태도도 전혀 없어 보였다.

이 미화원은 약 40여 년 전, 내가 중학교 교사 시절 제자였다. 그는 최근 내가 사는 동네 청소 담당을 맡은 50이 넘은 초로의 남자다. 어느 날 새벽 운동 길에 나섰는데 낯선 미화원이 청소를 하다 말고 나를 보더니 "선생님, 안녕하세요. 저 제자 박ㅇㅇ입니다. 선생님, 참 오랜만에 뵈었는데도 여전하시고 건강하시네요."라고 늘 보는 사람한테 하듯 편안하게 인사를 하지 않는가. 처음엔 얼른 기억이 잘 안 났었는데 자세히 보니 이름 기억은 나지 않았어도 얼굴 모습은 어렴풋이 떠올랐다.

나는 반가운 마음에서 그의 면장갑 낀 손을 덥석 잡고 40여 년 만에 만나는 제자와의 반가운 인사를 나눴다. 오랜만에 만나는 은사를 못 본 체 피하지 않고 자신이 먼저 인사를 하는데 얼른 못 알아본 내가 부끄러웠다. 그의 얼굴에는 세상살이에 찌든 모습이 역력했다. 깡마른 얼굴에 주름도 많고 머리도 많이 벗어지고 나이에 비해 조로한 모습이었다. 나와 같이 있으면 남들이 보기엔 같은 연배로 보기 십상일 정도였다.

환경미화원이 된 제자, 오늘도 이른 새벽부터 열심히 거리 청소를 하며 언제 보아도 인사도 잘하고 명랑한 표정이다. 내가 보기에도 자기 직업에 만족해하며 충실하고 사명감이 있어 보였다. 나는 요즘 그와 자주 길에서 대하면서 사장 명함을 내밀며 과시하는 제자보다도 오히려 더 친근감을 느낀다.

쓸어도 또 쓸어도 쌓이는 낙엽을 귀찮게 여기지 않고 "저 낙엽들이 다 내 돈인데요."라고 한, 그 환경미화원 제자의 말이 되새겨지며 그의 진지한 삶의 자세가 마음에 와 닿았다.

# 나그네 설움

서울을 가기 위해 전철역을 향해 나섰다. 역 앞 광장에서 역사로 연결된 통로 가장자리에 할머니 한 분이 생밤을 팔고 있었다. 포장용 상자 몇 장을 펴서 겹쳐 깔고 앉아 생밤을 됫박에 수북이 담아 놓고 지나가는 사람들이 사주기만을 기다리며 말없이 가부좌 자세로 앉아 있었다. 옆에 놓인 자루에 담긴 밤까지 해서 모두 해야 2~3만 원 정도 밖에 될 것 같지 않았다. 추운 날씨 속에 흔한 연탄 화덕 하나 없이 온몸을 헌 옷가지로 둘러 입고 앉아 오로지 그 밤을 팔기 위해 추운 데에서 홀로 고생하는 할머니를 보며 측은한 생각이 들었다.

전철을 타고 경로석에 앉아 가노라니 차량 연결 부분 출입문이 열리며 흘러간 옛 노래, '나그네 설움' 가락이 흘러나온다. 허름한 중절모를 눌러 쓴 아래쪽으로 흰머리가 보이고 유행 지난 낡은 오리털 점퍼 차림의 70대 노인의 허리춤에 매달린 카세트에서 나오는 소리였다. 한 손에는 지팡이를 짚고 한 손에는 자주색 플라스틱 제품의 작은 그릇을 들었다. 그릇 안에는 동전 몇 닢이 들어 있었다.

노인은 이런 모습으로 천천히 차내를 지나갈 뿐, 일일이 승객들 앞에서 적선을 호소하진 않았다. 내 옆에 앉아 있던 할머니가 지갑에서 1,000원짜리 지폐를 한 장 꺼내서 그 노인의 그릇에 넣어 주었다. 그러나 나는 본래 이런 때 적선하는 체질은 아니지만, 할머니의 인정 어린 마음씨에 부끄러운 마음이 들었다.

추운 데에서 쭈그리고 앉아 생밤을 팔고 있는 할머니, 전철 안에서 '나그네 설움' 노래 카세트를 틀어가며 적선을 구하는 노인, 양쪽 다 같은 시대를 살아온 나와 비슷한 세대들이다. 두 분 다 말로가 복스럽다고 할 수는 없다. 사람이 각자 살아가는 방식이 다 다르기는 하겠지만, 젊어서야 무엇을 하고 살든 살아야 할 날이 많이 남아 있고 젊음과 힘이 있으니 아무렴 어떠하랴. 그러나 늙어서 초라한 모습으로 거리에 나가 좌판 벌이거나 열차 안에서 구걸하는 삶이란 결코 평탄한 삶을 살아온 것은 아닐 것이다. '젊어 고생은 사서도 한다.' 라고 했는데 그 고생을 늙어서까지 해야 하는가.

하긴 사람 팔자 알 수 없다고도 한다. 거지가 재벌가가 된 일도 있고 천석꾼이, 만석꾼이 부자가 하루아침에 알거지 신세로 전락한 일도 있다. 이랬든 저랬든 아무도 자신의 운명을 알 수 없는 일이니 잘 살고 못 사는 것도 다 운명으로 돌리는 것이 마음 편할는지 모른다.

운명은 개척하는 것이라고도 하지만, 어떤 부모 밑에서 태어나고 어떤 환경에서 자랐느냐는 것도 한 인생의 운명이 달라지는 것 같다. 대체로 생물은 생태 환경의 영향을 어떻게 받고 적응하느냐에 따라 진화한다는 것은 이미 학설로 정립된 사실이다. 인간도 생물의 한 종이기에 환경 조건에 전혀 영향이 없다고는 할 수 없을 것 같다.

두 노인의 모습을 보면서 서울까지 가는 동안 내가 살아온 인생 역정을 더듬어 보았다.

나는 철없던 5살 어린 시절 증조할머니 손에 이끌려 만주에 있는 아버지한테 가게 되었다. 그곳에서 10살이 되던 해 해방을 맞이했다. 일본이 태평양 전쟁에서 망하니 그 기세등등하던 자칭 1등 국민 일본인들이 하루아침에 몰락하여 중국인들에게 참살을 당하고 재산을 빼앗기고 거지꼴을 하고 쫓겨 가는 모습을 보았다.

우리 가족들도 보따리를 걸머지고 고향 찾아 만주 땅을 떠나야 했다. 압록강을 건너 평양에 와서 서울 가는 기차를 기다리느라 1주일 이상을 보냈다. 이 기간은 역 앞마당에서 많은 귀향민(당시 전재민이라 했음)이 노숙을 해야 했다. 기차가 정해진 시간에 운행되지 않을뿐더러 정확한 정보도 없어서 평양역 홈에 남쪽으로 향한 열차(화물차)만 들어오면 누가 그랬는지 저 차가 "서울 간다!" 소리 한 마디에  수많은 귀향민이 일시에 달려들어 지붕 위까지 올라타곤 했다. 그러다가 누가 와서 서울 가는 차가 아니라고 하면 모두 내려야 했다. 이렇게 하기를 수없이 거듭하다가 드디어 서울 가는 화물차를 타게 되었다.

이 난리 속에 나는 평양에서 한때 가족을 잃어버렸다가 사흘 만에 극적으로 다시 찾게 되었다. 이 사흘 동안 나는 절망 속에서 연일 울며 가족 찾아 평양 거리를 헤매면서 구걸을 하며 보냈다. 그때 끝내 가족을 못 찾았으면 나의 운명이 어떻게 되었을까? 물론, 지금의 내가 아니었을 것은 분명한 일이고 북한 땅에서 부모와 고향을 잃은 나그네 신세로 어떤 모습으론가 살아가고 있었을 것이다.

노인의 카세트에서 흘러나오던 '나그네 설움'의 구슬픈 가락이 내내 귓전을 울렸다.

# 아들보다 딸을

아들은 꼭 있어야 한다는 그 신앙 같았던 아들 선호 사상도 시대의 변화 속에서 허물어져 가고 있다. 지금까지 살아온 사람들은 거의 다 아들 선호 시대에서 살았다. 여자가 시집을 가면 아들을 낳아야 대우를 받고 체면을 세웠다. 그러나 아들을 낳든 딸을 낳든 그것은 마음대로 할 수 없는 일, 그래도 딸을 낳으면 여자의 잘못인 양 죄책감을 가져야 했음도 그동안 우리의 정서였다. 심지어는 딸은 이름조차 제대로 지어주지 않아 평생을 이름도 없이 살아간 여인들도 많았다. 지금도 호적 등본을 보면 어머니나 할머니의 이름 난에는 이름이 없이 이 씨, 김 씨 등으로 기록되어 있음을 본다. 더러 이름이 있어도 섭섭이, 끝순이, 말자, 언년이 등으로 아들을 얻지 못한 아쉬움이 서려 있는 이름이다.

내가 어린 시절만 해도 여자들은 겨우 초등학교만 졸업하고 마는 경우가 많았고 중학교에 진학하는 여학생은 6학년 전체에서 2~3명 정도였다. 중학교에서 고등학교 진학할 때는 더 줄어들었고 대학으로 진학하는 여학생은 매우 드물었다. 부모들의 인식부터가 딸은 '출가외인'이라 하여 초등학교나 중학교 정도 나와서 시집이나 보내면 부모로서 할 일을 다 하는 것으로 여겼다.

지난날 인구 억제책으로 산아제한을 적극적으로 추진할 때, '아들·딸 구별 말고 하나만 낳아서 잘 기르자!' 라는 구호 아래 이 정책은 성공하였다. 그러나 그로 말미암아 아들 선호 사상이 더 팽배하여 남·녀 출생아 성비의 불균형이 나타나 초등학교에서는 교실에서 남·여 짝을 못 이룬 남학생들이 생기기도 하지 않았던가.

그런데 이젠 아들보다 딸을 더 선호하는 시대로 바뀐 것이다. 국무총리실 산하 육아정책 연구소에서 2008년 4~7월 태어난 신생아 2,078명의 아버지를 조사했더니 37.4%가 아내의 임신 중 딸을 원한 것으로 나타났고, 아기 엄마도 37.9%가 딸을 원해서 아들을 원한 31.3%보다 많았고 아들을 원하는 아버지는 28.6%에 불과했다 한다. 이는 젊은 세대로 갈수록 딸의 선호도가 높았다는 것으로 보아 이젠 반대로 딸의 수가 더 늘어갈 추세임을 예감할 수 있다.

하긴 근래에 와서 여성의 사회 진출이 급격히 늘어났음을 볼 수가 있다. 학교의 선생님도 여교사가 압도적으로 많아져 남선생 기근현상이 나타나 고민이다. 올해에 사법연수원 수료생 중에 법관 지망자 92명 중 남 28명, 여 64명이고, 검사 지망자 124명 중 남 52명, 여 72명으로 여자가 더 많음을 볼 수 있다. 이처럼 여성의 사회 진출이 활발해지고 호주 상속이나 가족 관계의 지위도 남성과 차등이 없어졌고 앞으로는 노후의 생계도 자식에게 의존하는 시대가 아니다 보니 자연 아들 선호 사상이 퇴색해질 수밖에 없다.

나는 아들만 있어 딸을 키워 보지 못하였기에 딸 키우는 맛을 잘 모르지만, 아들은 어려서나 커서나 과묵하고 오사바사한 잔정이 없다. 그러나 딸은 그 반대일 것 같다. 출가를 해서도 친정 부모를 향한 극진한 효심은 아들보다 나은 점이 많다. 요즘, 아들·딸 유머 시리즈에, '아들이 둘이면 길바닥에서 죽고, 아들이 하나면 골방에서 죽고, 딸이 둘이면 비행기 안에서 죽고, 딸이 하나면 싱크대 앞에서 죽는다.' 라는 게 있다. 그만큼 딸이 더 부모를 위하는 마음이 극진하다는 뜻이 아닌가.

그렇다고 부모가 되어서 내가 낳은 자식을 그때그때 실리에 따라 어느 한쪽만을 선호한다는 것도 잘못된 일이 아닌가. 그보다도 지금은 저 출산을 염려하는 시대가 되었으니 나라 장래를 위해 아들 딸 선호 말고 많이 낳는 데 힘써야 할 것 같다.

# 돈이 뭐길래

법원에서 민사 가사사건의 조정 업무를 여러 해 동안 해 오면서 전에 없이 친형제 간에, 부모와 자식 간에 재산 분할 소송 사건을 꽤 많이 접하게 된다.

전에는 부모의 재산이 모두 장자 한 사람에게 상속이 되었지만 1961년 이후 상속법이 몇 차례 바뀌면서 지금은 동일 부모 자녀들에게는 다 같은 비율로 상속이 되기 때문에 분쟁의 소지가 있을 수 있는 것이다.

대개 어느 집안이고 장자는 부모님을 모셔야 하고 조상의 제사를 받들어야 했으며 더욱이 종손은 웃 대조 묘소 관리는 물론 연시제까지 받들어야 했다. 그랬기에 장자에게 모든 재산이 상속되었고 그에 대해서는 당연지사로 여기고 누구도 이의 제기를 할 수 없었다.

그러나 시대의 변화는 이런 고정 관념과 관습을 깨게 하였고 따라서 상속법도 바뀌었다. 그러나 아직도 옛 관습은 남아 새 제도와 충돌하며 급기야는 피를 나눈 형제간에, 부모 자식 간에 감히 있어서는 안 될 재판까지 벌이는 지경에 이르고 있다.

이렇게 된 결정적인 이유는 근래에 와서 개발 붐을 타고 도·농 할 것 없이 땅값이 치솟았기 때문이다. 옛날, 농촌 지역에 땅값이란 별 게 아니었다. 지금부터 4~50년 전만 해도 임야는 평당 2~30원, 농지는 평당 5~600원 정도였고 투기성 매매도 없었다. 그러나 지금은 임야고 농지고 가릴 것 없이 몇 십 만원에서 많게는 몇 백 만원에 거래가 되고 개발지역에 수용되어 보상을 받게 되어도 실 시세에 접근하는 거액을 받게 되니 어찌 성인군자가 아니고서야 욕심이 생기지 않겠는가.

옛날처럼 투기나 개발붐도 없던 시절, 땅값도 싸고 농사 소득도 미미할 때에 형제들 중에도 출중한 형제가 있어서 서울에 대학이라도 다닌다면 그 학비가 당시로선 엄청난 돈이 들었다. 때로는 땅도 팔아야 했다. 그 시절에는 대학을 간 자녀나 출가한 딸들은 그 자체만으로도 부모의 재산 상속을 받아간 것으로 간주된 것도 사실이다.

그래서 집에서 부모님을 도와 힘든 농사를 짓고 부모님 모시며 농토를 지켜온 자식에게 재산을 물려주려는 부모의 심정도 이해가 간다. 그러므로 남은 재산을 증여나 상속을 통해 등기 이전을 다 해 주었어도 현 상속법에 의해 나머지 자손들이 유류 지분 청구를 할 때 이것이 원만히 가족 간에 해결이 되지 않으면 결국 재판이라는 극한상황까지 가고 만다. 이쯤 되면 이들 형제, 부모 자식은 이미 그 혈연을 벗어나 원고 피고가 되어 법원까지 와서 법의 판결이나 조정으로 합의 결정을 하고 끝을 낸다.

피를 함께 나눈 친형제자매간에, 부모자식 간에 그 불가분의 혈연의 정으로서 해결이 안 될 것이 무엇이 있겠는가. 그러나 돈 앞에는 다 무력한 것, 결국 돈 갈라 갖고 원수나 다름없는 남이 되고 만다. 돈이 뭐 길래, 꼭 그래야 하는 것인지…….

# 구구팔팔이삼사와 육복

요즈음 누가 만들었는지도 모를, 참 의미 있고 익살스런 말들이 많이 유행되고 있다. 현직에서 은퇴한 노년층들이 회식 자리나 주석에서 건배 잔을 들고 외치는 구호 중에 '9988234(구구팔팔이삼사)'라는 게 있다. 처음엔 9988만 있더니 언젠가부터 234가 더 붙어서 한결 더 말의 맛을 돋워 준다.

즉, '99세까지 팔팔(88)하게 살다가 2.3일 앓고 죽는다(4=死).라는 뜻이다. 좋은 세월 다 보내고 이제 살아야 할 날이 많이 남지 않은 노인들로서는 이렇게만 된다면 오죽 좋으랴. 꼭 9988이 아니더라도 마지막 가는 길에 못된 병에 시달리며 자신은 물론 가족들에게까지 고통을 주면서 오래 살까 봐 그것이 두려운 것이다. 그래서 2.3.4라는 말을 덧붙인 모양이다.

'생로병사(生老病死)'라 했듯이 살다가 늙어 병들어 죽는 것은 인력으로는 어찌할 수 없는 신의 영역이요, 불교에서는 이를 인생의 고(苦)라 하지 않았던가. 그러나 득도를 한 성인(聖人)들이 아니고서야 범인(凡人)들이 어찌 이 문제를 두려워하지 않겠는가. 이런 문제를 인식하면서도 '적당히 사시다가 편안히 저세상에 가십시오.' 라는 인사를 받기보다는 '만수무강하십시오' 라는 인사가 더 달갑게 들리는 게 노인들의 심리다.

그런데 요즘, 젊은이들 속에서는 '조실부모(早失父母)' 라는 말이 유행한다는데 참 섬뜩하면서도 한편 재미스런 말이다. 이 말을 기존에 있던 '5복'에 추가하여 '6복'이라고 한다는 것이다. '조실부모'를 해야 하루라도 빨리 부모 유산을 상속 받아 마음대로 돈 복을 누릴 수 있다는 것이다.

이런 사전에도 없는 떠도는 말들은 요즘 우리 사회의 실상을 풍자한 말이겠지만 나름대로 메시지를 담고 있다. 소득이 증대하고 생활수준이 향상되고 의료기술이 발달됨에 따라 사람들의 수명이 급격히 늘어나 우리나라도 평균수명이 70세를 넘긴지가 이미 오래다. 현재 65세 이상 노령인구가 16%나 된다고 한다. 그에 비해 출산율은 점점 낮아지고 있어 앞으로 경제활동 인구의 감소가 필연적으로 다가오고 있음은 결코 간과할 일이 아니다.

자식이 노부모를 부양하고 한 지붕 안에 사는 시대는 이제 지나가고 있다. 무작정 '9988234'만 외칠 게 아니라 미리미리 그렇게 되도록 대비를 해야 할 것이고, '조실부모'만을 기다릴 게 아니라 자수성가할 생각을 해야 할 것이다.

비록 뿌리 없이 떠돌아다니는 신조어들이지만 신판 속담이라 해도 될 듯싶다. 믿거나 말거나, 듣거나 말거나 할지라도 각박한 삶 속에 한 줄기 여운을 주는 말들이다.

문석홍 수필집

# 만추의 길목에서

**인쇄** 2023년 3월 27일
**발행** 2023년 3월 30일

**지은이** 문석홍
**발행인** 서정환
**펴낸곳** 수필과비평사
**주소** 서울시 종로구 삼일대로 32길 36(익선동 30-6 운현신화타워) 305호
**전화** (02) 3675-3885 (063) 275-4000 · 0484
**팩스** (063) 274-3131
**이메일** essay321@hanmail.net
**출판등록** 제300-2013-133호
**인쇄·제본** 신아출판사



**ISBN** 979-11-5933-468-9 03810
**값** 13,000 원

Printed in KOREA